U0937878

王 勇◎著

上海大学出版社

图书在版编目(CIP)数据

创业解码 / 王勇著 .—上海：上海大学出版社，2017.6

ISBN 978-7-5671-2850-7

Ⅰ.①创… Ⅱ.①王… Ⅲ.①企业管理-研究 Ⅳ.①F272

中国版本图书馆 CIP 数据核字（2017）第 130657 号

责任编辑 徐雁华
封面设计 李 阳
技术编辑 金 鑫 章 斐

创 业 解 码

王 勇 著

上海大学出版社出版发行

（上海市上大路99号 邮政编码200444）

（http://www.press.shu.edu.cn 发行热线021-66135112）

出版人 戴骏豪

*

南京展望文化发展有限公司排版

江阴金马印刷有限公司印刷 各地新华书店经销

开本787mm×1092mm 1/32 印张4.5 字数66.5千

2017年7月第1版 2017年7月第1次印刷

ISBN 978-7-5671-2850-7/F·165 定价 39.00元

未来一定是变化的，

唯有创新才会有出路。

创新不是目的，

你的价值取决于你最终创造了什么。

——谨以此书献给所有准备创业或已经走在创业路上的梦想家们。

王勇

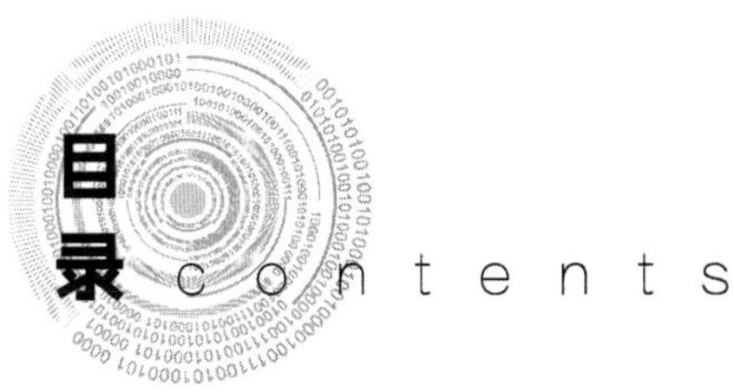

目录 contents

第 3 章　Who——谁来做?

第 4 章　How——怎么做?

序

创业是一件快乐的事，也是一件痛苦的事；它能够把你带到天堂，也能把你带入地狱。

提笔写这本书的时候，我已经走过近二十年的创业历程，成功创办过十多家企业。其中经历过成功，也经历过失败；有过欢笑，也有过痛苦。创业的过程极其复杂且充满诱惑，让多少怀揣梦想的创业者望而却步，而又欲罢不能。

创业现在已经成为很多年轻人的梦想，但是年轻人真的知道该如何创业吗？很多年轻人仅仅凭着自己的满腔热情，或者一个让自己欣喜若狂实际上却漏洞百出的idea，就匆匆忙忙地踏上了布满风险的创业之路。国内很多的创业孵化器从热火朝天到门庭冷落，以及很多的创新企业从被风投热捧到钱烧尽后的灰飞烟灭，都可以证明这样的创业是极其草率的。年轻人如果盲目地投入创业，不仅会给整个国家和社会带来巨大的资源浪费，而且会给个人和家庭造成重大的经济损失。因此，所有的创业者首先要明确一个问题：创业需要些什么？

创业需要勇气和运气，但更需要的是经验，不过在经验积累的过程中，创业者往往会付出高昂的代价。因此我时常在想，自己作为一个创业道路上的先行者，是否应该为年轻的创业者们做些什么？创业本身并不简单，但在过程中我们没有必要去采用复杂的方法。市场上很多高深的创业课程，几乎是为了把企业培养成世界 500 强而存在的。其实对于很多创业者来说，这些课程是不切实际的。我在长期的创业和经营过程中，通常喜欢把复杂的问题简单化，习惯用最简单的方式来解决最复杂的问题。因此我希望能够写一本书，告诉那些即将或已经走向创业道路的创业者们：**如何用最简单的方式来解开那些创业道路上的一个个密码**。

当我在决定写这本书的时候，也曾经产生过

犹豫。因为创业是一件极具个性化且非常有针对性的事，很难有人能把它诠释得非常准确，因此，市面上那些高深莫测的经营管理著作比比皆是。从中我们可以看得出来创业的确需要方法，但最好的方法其实就是找到最适合自己的方法。我本人除了作为企业经营者以外还有另外一个身份，是一家中国企业家俱乐部的创始人主席，因此我有很多机会接触到一些成功的企业家。这些企业家各具特色，成功方法各异。通过比对他们的成功模式，实际上我们并不能明确指出哪一种方法是最好的。特别是在创业初期，创业者如果过度追求方法论，反倒会限制自己的行动与创新能力。初期，创业者最需要的就是明确经营方向，而明确经营方向最有效的做法就是把方法简单化，这样就会更加便于落地与执行。因此，**我在写这本书的时候，就尽量不去给创业者提供具体细致的方法和工具，更多的是一种引导和启发，以留下更多的余地，让创业者们去思考和探索最适合自己的方法**。本书所提供的一些建议和经营理念，都是我在长期创业与企业经营实践中总结出来的，相对简单及实用。创业者可以用它来解决经营中的一些困惑，并在创业过程中尽可能地少走弯路，让企业快速步入正轨。

因此本书诞生的初衷，就不在于使其成为一本深奥的教科书。**我希望它像是一把钥匙，能够帮助创业者解开创业道路上的一个个密码，然后靠自己的力量去推开每一扇成功之门；或者像是一盏伴随在创业道路上的小路灯，在最需要的时候给创业者一份鼓励和指引，每当创业者看到它的时候，都会有继续前行的信心和勇气**。

希望刚刚踏上创业之路的创业者们，可以把这本书当作日常工作中随手翻阅的案头小册，并以一种轻松的心态来阅读它。如果创业者能够理解书中的理念与建议，就基本上可以轻松地驾驭一个创业型企业。不过，如果你想创造一个伟大的企业，仅靠这本书是不够的。你还需要在创业过程中不断地去思考与总结。这最终取决于你是否渴望成长为一个伟大的企业家。

当你决定创业的时候，其实你已经具备了超出常人的勇气。以后不管你遇到多大的困难与挫折，你都需要将这份勇气一直保持下去。因为这将是你走向成功的关键要素。

这不是一个最好的时代，也不是一个最坏的时代，但对于创业者来说，这却是一个充满无限机遇的时代！相信自己，一切就皆有可能！现在就让我们来一起解开创业道路上的每一个密码吧。

王　勇

2016年4月

创业是一件快乐的事，也是一件痛苦的事；它能够把你带到天堂，也能把你带入地狱。在这个过程中，有四个关键问题你是永远无法回避的。它们就像是创业道路上的一个个密码，等待着创业者们去亲自解开。

Why——为什么做?

What——做什么?

Who——谁来做?

How——怎么做?

这就是我即将在这本书里，与创业者共同探讨的**创业四密码：WWWH**，其实它们也是“黄金圈法则”与“风投三要素”的结合体。

黄金圈法则非常强调“Why”的重要性。但大多数情况下人们都会比较关心“What”，就是希望能够做成什么，大多数时间都是在不断地寻找“How”，以寻求最好的方法和捷径。但是如果你还没有弄清楚为什么做，最终的结果有可能会是南辕北辙或得不偿失的。

而在风投项目的评估中，投资人对于一个创业项目的判断，主是建立在“What——做什么？”“How——怎么做？”“Who——谁来做？”三个核心要素的基础之上。“做什么”是指产品或服务；“怎么做”是指商业模式；“谁来做”是指团队。三者的评估结果是关系项目是否能投资成功的关键。

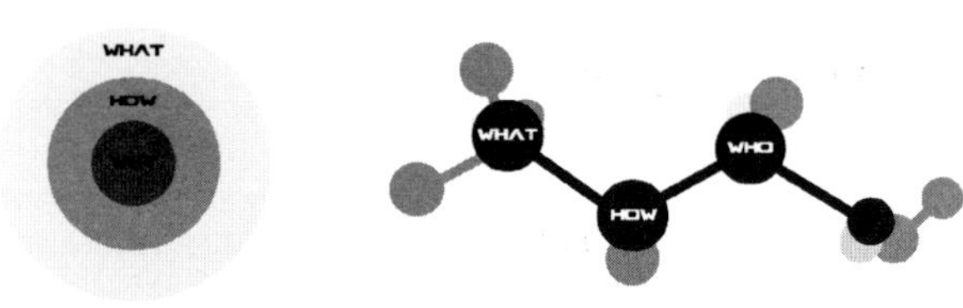

下面我们就来分别探讨一下，如何解开创业道路上的这四个关键密码。

第 1 章 Why——为什么做?

在大家熟知的黄金圈法则中，“Why”是其中最为核心的要素。很多人在决定创业的时候，并没有真正地想明白：“为什么要创业？”但这却是一个非常关键的问题。它直接决定了你的创业是否能够坚持下去，并最终获得成功。

1. 树立正确的价值观

关于这个问题，我曾经问过国内很多年轻的创业者，他们脸上都充满了诧异的表情：“为什么要创业？这难道还用问吗？创业不就是为了创造财富吗？”就是这个看似顺理成章的理由，却往往误导了很多创业者。任何企业或商业项目，成功的标志之一就是创造财富，这一点无可厚非，但这不应该成为你唯一的创业目的。

日本历史上有一位著名的创业者丰田佐吉，他是全球著名汽车品牌丰田公司的创始人。丰田佐吉当时创业的初衷，其实是为了减轻纺织工人的工作负荷，制造出一种生产效率高、价格低廉的织布机，能够让当时并不富裕的日本人都穿上便宜的衣服。正是凭借着这种信念，丰田公司克服了创业过程中的种种艰难险阻，通过一台小小的织布机，最终成长为世界一流的企业。可以肯定的是，丰田佐吉在创业途中一定会有更赚钱的机会以及中途放弃的理由。如果仅仅是为了创造财富，那么丰田公司也根本走不到今天。

当你在选择创业的时候，一定要树立一个正确的价值观。**当你为了一个能够实现自我价值的目标而努力的时候，最终收获的不仅仅是财富，更重要的是你的自我价值将得以实现**。这种创业理念会成为企业长期生存和发展的源动力。

你会发现，**那些伟大的企业都有一个共同的特点：那就是为人类社会创造最好的产品或服务，让大众从中受益**。当一个创业者为了一个让大众受益的目标而努力的时候，才能创造出最优质的产品或服务，最终获得客户和市场的认可，同时也一定会收获巨大的财富。

2. 不忘初心，方得始终

梦想 or 金钱，让你从它们中挑选一个，你会怎样选择？任何创业者在建立企业之初，一定会确立规划与愿景，换言之，就是有目的性地创业，知道自己要做什么。这个社会中真正知道自己要做什么的人少之又少，而企业家就属于那批少数人里的群体。正是强大的信念与追求目标的积极性支撑着创业者引领企业一步步走向正轨。

但在多数情况下，当企业逐渐站稳脚跟，并开始实现盈利，大多数的创业者就慢慢迷失自我，来自利益的诱惑对一个企业而言是最大的挑战。这时候，创业者面临着两个选择：是坚守创业的初衷，权衡利益，不断创造好的产品，还是利益至上，放慢企业发展步伐，专注赚取利润？

这是一个极其难以取舍的问题。因为“企业”本身的定义就是以盈利为目的的经济组织，一家永远都在亏损的企业必定不是一家优秀企业。于是，很多创业者站在这样的理论基础之上，忘却原本的目标，抛弃曾经的愿景，只为追求利润而不惜选择偷工减料，不断压缩自己的产品或服务质量，这样的企业最终只会被市场淘汰。所有创业者都要牢牢坚守住一点：**利润永远是与品质成正比的**。

无论什么时候，创业者作为企业的领导人物都要时刻明晰创业之初所秉持的理念，这个理念在后续发展中可以修正，但是从根本上说必须是不可动摇的。中国自古便有“打江山易，守江山难”的说法，一个企业最后能走多远，就取决于创业者是否还能坚守当初的理念。

这里我们以丰田公司为例。丰田公司在进入汽车产业以后，始终秉持当初的创业理念，克服种种困难，在保证品质的前提下，通过提高效率和杜绝浪费来节约成本，最终创造出了风靡世界制造行业的经典传奇：精益化管理和TPS生产模式，使丰田成为世界汽车行业最具竞争力的品牌之一。

不忘初心，方得始终。如果创业者只考虑赚钱或者靠投机赚取利润，那么企业就无法获得长期盈利和持续发展，更不可能实现最后的成功。即使企业通过投机取巧获得了短期财富，这种财富也无法长久，企业家的成就感也会大打折扣。很多中国企业家内在精神品质一般、社会认可度不高，就能很好地验证了这一点。

3. 成功贵在坚持

创业过程就像西天取经，创业者一路上会经历种种波折和磨难。在这个过程中，你需要有一个能够支撑你坚持走下去的信念。如果你的创业目的仅仅是为了赚钱，那么当你经历这些波折和磨难后，又或者面对有其他更赚钱的选择时，就会产生自我质疑：这样辛苦到底值得吗？因此很多创业者都曾有过放弃的念头，而事实上其中大部分人也确实选择了中途放弃。

我们都知道**成功贵在坚持**。**如果在创业中途放弃，一切梦想都会烟消云散**，这个世界上也就不会诞生那么多伟大的企业。因此这个时候，必须要有一个伟大的信念能够支撑着创业者继续走下去，让创业者感到自豪和快乐，甚至愿意为它付出一切，包括青春和安逸的生活。很多成功的企业家，在获得足够财富的时候，仍然坚持努力工作。可以肯定的是，若仅仅是为了财富，他们绝对达不到今日的成就。

因此，**当你决定创业的时候一定要先想明白：自己为什么要创业？其中的秘诀就是：一定要在创造财富以外，找到你创业最核心的价值观**。这将是你创业能否成功的关键！

第 2 章 What——做什么？

当你决定开始创业的时候，还有一个非常重要的问题，就是“What”，你到底要做什么？这是你事业起步的基础，它决定着你创业的方向。

很多人并没有完全想好自己要做的事情，就匆忙地踏上了创业之路，认为只要个人付出努力，就没有做不成的事。创业不能仅靠努力，如果方向选错了，越努力反而会越失败；创业当然更不能靠运气，因为好运气并不属于每一个人。因此，理性地选择适合自己的创业项目，是一件非常重要的事情。**创业者要永远记住：不是每一件事情都适合自己去做！你所选择的事业最好是你的兴趣、爱好之延续，以及能力、经验之所在。**

创业者在选择产品或项目时，要考虑以下几个关键要素：

1. 它是什么？

这难道是个问题吗？很多人对于这个问题都感到非常诧异。其实有很多创业者并不能够对自己的产品或服务有一个准确的名称。

举例来说，开设一间职业服装专营店时，你应该把它叫作什么？你不能简单地把它称为服装店，而要让你的客户在第一时间明白并记住它。比如你可以叫它“白领衣柜”，并把它定义为白领一族选择优质职业装的专属品牌。这样，你的产品和服务的定位就会非常清晰了。

记得有一次我作为企业家代表，观摩了新加坡国立大学在中国举办的全球硬件创新创业大赛。其中有一个创业选手，是生产互联网硬件的企业创始人。在赛前辅导时，创业导师问他：

“你的产品叫什么？”这个创始人竟然回答了三次都没能准确地说出来。最后导师告诉他，建议把他的产品定义成一种小型网络互动健身器，名字就叫“硬蛋”。最终，这个“硬蛋”创业项目在本赛区赢得了第一名。

因此，**市场和客户对于产品或服务名称的接受度非常关键**。宝马和奔驰在中国市场的成功，其中不得不归功于它们响亮而用意深刻的名称。因此，你至少应该让你的产品或服务的名称容易让客户记住，并易于理解；当然，最好能听起来就像是一个已经成功的品牌。

2. 它有什么市场价值?

任何产品或服务存在的意义，就是为客户带

来价值。如果仅仅考虑你的产品或服务到底能够为企业带来多少价值，那么你的客户就会远离你。在此前的部分，我已经强调了创业的本质，即你所创造的产品或服务是否能够让大众从中受益。

除此以外，你在设计产品或服务时，还要必须懂得**挖掘客户的刚需和痛点**。你必须要了解客户真正的需求，以及挖掘客户的潜在需求，并在产品或服务设计过程中尽可能地去满足这些需求。但是在竞争激烈的市场环境下，仅仅靠满足客户需求是不够的，因为你的竞争对手也很容易做得到。因此，你还需要花更多的心思，去寻找和挖掘客户的痛点。企业只有真正帮助客户解决痛点，才能最大化地体现出产品或服务的价值和竞争力。因此，解决痛点往往比满足刚需更容易获得市场的成功。

总之，**你必须努力地为客户创造价值，才能最终获得客户和市场的认可与尊重**。

3. 它的市场有多大?

产品或服务的价值是由市场决定的。因此，

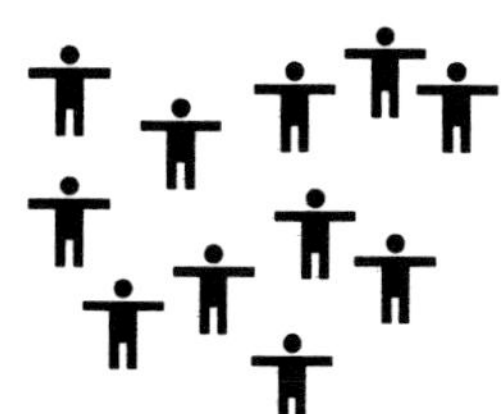

市场越大，产品或服务所产生的价值就会越大。小众产品或服务的风险是非常大的，即使是奢侈品牌都不例外。

为了获得更大的市场，你的**产品或服务需要具备广群、高频、强黏的特点**，特别是在你的产品或服务还没有足够的品牌影响力和市场竞争力的时候。如果你的产品或服务特点能够做到受众群体非常广，客户使用频率非常高，而且能够产生高黏性和高度依赖性，那么产品或服务的市场生命力就会增强，市场风险将会大大降低，企业就能相对容易获得持续的自我供血能力。

4. 如何体现它的市场竞争力？

只要有市场，就会有竞争，而创业型企业由

于受自身企业实力、品牌影响力以及市场占有率的局限，往往在市场竞争中处于劣势地位。以下是三种针对创业型企业设计的竞争策略：

（1）差异化的竞争策略

市场竞争的最大秘诀就是差异化。因此，你必须首先了解你的竞争对手是谁？他们的优势是什么？劣势又是什么？创业者要准确地找到自身产品或服务在市场竞争中的切入点，以及差异化的竞争优势，并在市场竞争中体现其与众不同之处。

市场上只会记住第一，如果做不到第一，就要争取做唯一。要想做到这一点，你就必须要具备与众不同的眼光和视野。现在，中国市场中同质化的产品或服务太多，大家被迫陷入白炽化的竞争中，到头来损失惨重，能够有幸生存下来的企业寥寥无几。为了避免这种情况的发生，最好的办法就是要尽量避开红海，找到属于你的那片蓝海。事实证明，**另辟蹊径的蓝海战术是很多创业型企业获胜的法宝**。

（2）精准聚焦的定位策略

市场很大是一件好事，却很容易让创业者迷失方向。因为一个企业的力量是有限的，过度分散经营甚至会拖垮一个巨无霸企业，更何况一个创业型企业；而一个产品的服务能力也是有限的，任何产品或服务都不可能满足所有的客户，甚至做不到满足同一个客户的所有需求。如果顾及太多反倒会适得其反，就像古代文人所说的“意多乱文”。

精准聚焦其实也就是做减法，产品或服务的定位越精准，市场成功率就会越高。可口可乐公司的成功经验告诉我们：仅凭一罐可乐就可以做成风靡几代的世界500强企业。可口可乐从不会担心产品定位单一，老人不喝没关系，只要年轻人喜欢就行；你不喜欢喝也没关系，还有其他人喜欢就好。创业者只需要找到精准的市场定位，聚焦好产品或服务，就有机会赢得市场。至今我们都不曾发现，可口可乐公司为了迎合广大消费市场的需求，而去生产可口可乐品牌的葡萄酒，因为如果那样做，“可口可乐”品牌的性质就改变了，而它也就不可能取得现在的成功。

（3）快速迭代的创新策略

如果你的产品或服务是从 0 到 1 的创新，又能够快速进入市场，那将是最佳的策略，你的产品或服务就会在市场上具有绝对的竞争优势。如果你有这个能力和条件，包括足够的时间和金钱，一定要尽可能这样做。

不过要特别提醒的是，目前中国在知识产权保护方面做得并不够完善。虽然商业环境在逐步变好，但是在这个靠“山寨”起家的市场里，如果不能够很好地保护住自己辛辛苦苦研发出来的成果，你的优势可能会瞬间消失。专利权的及时申请是必要的，但有时候仍然是不够的。

最好的弥补办法是，让你的**产品或服务具备快速迭代以及快速占领市场的能力，让竞争对手**

和模仿者永远追不上你。

因此，**创新一定是无止境的，如果你做不到每一个产品或服务都是从 0 到 1 的，至少你要能够快速地使之从 1 升级到 2，或者跨界创新到 A……这是你的产品或服务永远保持竞争优势的最佳手段。**否则你即使没有被你的竞争对手所打败，也会被快速变化的市场所抛弃。

5. 如何创造它?

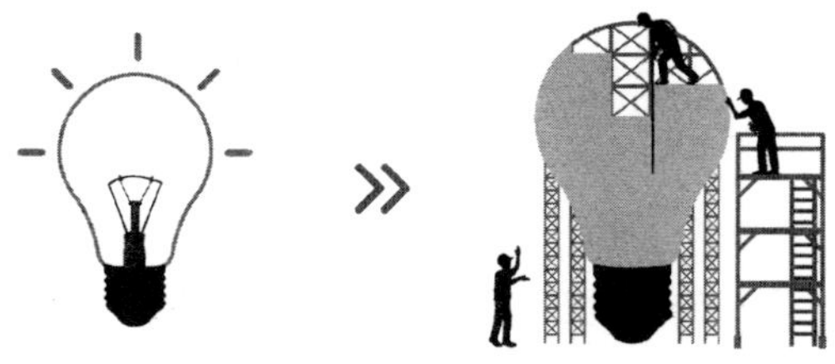

很多创业者仅凭借着自己的一个想法或设想，就开始盲目地投入了创业。要记住：**虽然设计很重要，但是产品或服务最终都是做出来的，而不是设计出来的。**如果你没有把握能够很快地创造出一个实实在在的产品或服务，就不要轻易地开创你的事业。

（1）缩短开发周期

很多创业型企业在前期研发方面投入了过量的资金和时间，与此同时也消耗了创业者们的热情和信心。一般的创业者很难在这种状态下长期支撑下去，同时也无法说服投资人与合伙人陪他长期走下去。

因此，创业型企业是不太适合去做那些研发周期过长的产品或服务的，除非你的投资人与合伙人有足够的实力和耐心，能够且愿意陪你持续“烧钱”。你要让你的产品或服务能够尽快地投放到市场中去。

（2）关注创造能力

这需要一个前提，那就是你必须拥有创造方面的能力和优势，否则一切都是空想。我对全球汽车行业进行电动汽车调研发现，在欧洲的汽车产品研发和设计领域里，有很多非常棒的电动概念汽车，而且新能源技术和智能化程度已经非常高了，但是它们中大多都面临着无法持续经营的困境，并且眼睁睁地看着特斯拉在全球热卖。因为研发和制造之间确实存在着很大的一段距离。

我们不排除世界上很多伟大产品的诞生都经历过漫长曲折的过程，但你看到的往往都是成功的案例。作为一个创业者，你根本无法承受产品或服务长期无法投放市场的经营压力和风险。因此，你必须确保能够及时地将其创造出来，并且能够保质保量，这才是你应该选择的产品或服务。

6. 未来它将变成什么？

创办企业只是开始，所有创业者都希望自己亲手打造的企业能够长久地生存和发展下去。但是现实并没有这么美好，很多企业并没有得偿所

愿地走下去。根据权威数据统计，目前中国私营企业的平均寿命只有 2.5 年，因为很多创业者在创业之初，并没有清楚地考虑到自己的企业未来应该走向哪里，以及未来该怎么办。

因此，创业者在开始创业之前，要尽可能地想象企业的产品或服务：未来将变成什么？

（1）市场预见性

当手机已经替代移动电脑的时候，当微信已经变成支付工具的时候，你不得不感叹：这个世界变化太快！在信息化和智能化时代，很多市场的需求都在不断地被刷新，甚至被完全颠覆。因此，**你必须确保你的产品或服务能够具备足够的生命力，以及不断自我成长的能力**。

创业者一定要具备市场预见性，并能敏锐地抓住市场机遇。因此，在你选择产品或项目之前，你必须要提前预测，你的产品或服务以后会变成什么，将走向何方。这将有助于你对产品或服务及时做出调整，以应对未来市场的风云变幻。

（2）坚持持续创新

在产品或服务创新领域，一直存在着持续创新的理念。**任何产品或服务的阶段性优势，都不可能永久保持住**。

即便是在创业时，你的产品或服务也源于创新，但是不要忘记，市场在变化，你的客户需求在变化，你的竞争对手也在变化。因此，创业者必须坚守持续创新的理念，才能让自己的产品或服务保持持续的竞争力。

（3）跨越非连续性

混沌大学创始人李善友教授在斯坦福大学闭门潜修之后，得出了非连续性创新的观点。他指出**任何行业在发展演变的过程中，都会产生必然的非连续性——超出原有的逻辑和轨道，产生跨越式演变**。

很多曾经获得伟大成功的企业，都是在产品跨越非连续性演变的过程中，没有实现非连续性创新，从而导致企业在辉煌中轰然倒塌的。比如：摩托罗拉的失败源于没有跨越手机的智能化演变；诺基亚的失败源于没有跨越操作系统的触摸化演变；柯达甚至都没有跨越IT大时代中相机的数码化演变。因此，作为一个创业者，**你一定要敢于颠覆那个曾经承载你创业情怀和梦想的产品，并能够预见未来！**

如果对以上内容你考虑得还不够清楚，那么你需要重新考虑，你选择的产品或服务是否正确。

第3章 Who——谁来做?

“公司者，数十商辏资。营运，出则通力合作，归则计本均分，其局大而联。”由此可见，公司一定要靠团队来运作。公司本来就是一种团队合作的组织，一个人的智慧和力量绝对是有限的，但是**很多创业者往往都把自己定位为企业唯一的成功者，却忽略了公司作为合作平台的本质意义**。如果你想创业成功，就必须要明白一件事，那就是**你一定要学会与你的合作伙伴一起分享成功**。**拥有分享理念是打造一个伟大团队的基础**。

1. 如何选择合伙人?

“一个好汉三个帮”，有团队才会力量大，这是中国的传统智慧，同时也符合西方的逻辑。但是还有一句老话：“打虎亲兄弟，上阵父子兵。”现在却显得有点不合时宜。这种传统家族式的合伙模式，也误导了当下很多的创业者。

由于中国的商业环境缺乏相对成熟的游戏规则，导致很多创业者在选择合作伙伴的时候，往往选择身边最亲近的人，把忠诚度作为合伙人的重要选择标准。不可否认，在现实的企业成功案例中，这种任人唯亲的家族合伙模式也确实成就了很多创业型企业，但**不是每一个创业者的家族成员，都适合参与到创业和企业经营中去**。

当下已经不是那个改革开放初期靠几个兄弟几杆枪就能够成功创业的时代了，现在是一个全球化竞争的精英创业时代，你的团队必须具备足够强大的竞争力，才能够面对创业过程中的所有困难与挑战。因此，**创业者必须打破传统思维模式，选择自己最合适的创业伙伴，并通过科学的经营管理机制，打造出一个海纳百川的完美团队**。

（1）木桶原理

在选择合伙人时，你首先需要清楚地知道，在你创办的企业中，你的个人能力和经验中的优势、劣势分别是什么。然后分析，如果要打造一个成功的团队，到底还缺少什么关键成分？这就是你选择合伙人的基本标准。

你可以把你的团队比作一只木桶，而这只桶设计的容量取决于你的创业目标的大小和竞争对手的强弱。然后把自己和现有的合伙人当作板子去拼装木桶，看看这只木桶的哪块板子比较短，或者还缺了哪块板子？而那块短板或缺少的板子，就是你选择合伙人的标准。对于团队组建，木桶原理永远不会过时：板子少了，桶不会大；板子短了，装不满水。

（2）性格与价值观

选择合伙人仅仅考虑能力和经验上的互补是不够的，仍需要考虑以下两个关键因素：**性格与价值观**。

合伙是一个长期相处的过程，合伙人在创业过程中需要为了一个共同的目标，做到同舟共济和相濡以沫。因此，**合伙就像是现实中的婚姻**。夫妻双方的性格与价值观在婚姻中的影响力是非常大的，而且无法通过后期的努力而改变。如果双方没有彼此了解清楚就结了婚，婚后再发现性格与价值观不合，导致无法生活下去，离婚的代价将是非常大的。

看人不能只看表面，表面的东西很容易消失，内在的东西比较稳定，这才是你应该最看重的。特别需要提醒的是：在合作中双方不能有过多的抱怨。因为就像婚姻一样，抱怨是破坏家庭和睦的重要隐形杀手。**合伙人彼此之间不仅要看到对方的优点，还要确定是否能够包容对方的缺点**。

在现在的“闪婚”一族中，由于男女双方没有时间深入了解，只关注对方的外在条件是否合适，为了在一起而在一起，等婚后的矛盾和分歧逐步凸显，很容易导致婚姻的破裂。特别是如果已经生了孩子，谁都不舍得放弃，那就更麻烦了，结果只能是法庭相见。企业其实就像是合伙人的“孩子”，每个合伙人在创办企业的过程中都会倾注很多情感和心血。企业合伙人之间的决裂，有可能就会毁掉这个“孩子”，把双方辛苦经营的事业毁于一旦。

因此，选对合伙人非常重要，你要尽量确保对方是可以和你一直走下去的人。**合伙人彼此的能力、经验和性格要互补，价值观则一定要相同，这样的合作才能长久**。

2. 如何避免选错合伙人?

(1)避免“闪婚”

因为很多合伙人在合作之前并不一定非常熟悉，有些仅仅是因为共同创业才走在了一起。这就像现实婚姻中的“闪婚”。

我个人不认为双方吃顿饭或喝杯咖啡，就可以判断对方就是那个在创业的道路上，能够与自己风雨同舟和同舟共济的人。这些只会出现在商业大亨的传记电影中，现实中的成功的几率是极低的。这就像“闪婚”的结果不一定都是不幸的，但是幸福的概率肯定不会太高，而且后期磨合的风险极大。

因此，合伙人在合作前只有足够了解对方，才能做出相对准确的判断。成功创业案例中的最佳拍档，往往双方在合作之前都彼此了解且志同道合，有些其实就是朋友、同学或同事。他们就像青梅竹马和两小无猜的一对恋人，婚姻生活肯定会比普通恋人和谐与幸福得多。

（2）谈场“恋爱”

双方在正式合伙前，如果能够有一个“恋爱”过程，那将是最好不过的。合伙人在合作之前的接触频率和相处时间非常重要，但并不一定非在讨论工作的时候才聚在一起。建议多创造一些生活中的相处机会，比如吃饭、娱乐、运动等。

如果有机会，建议组织一次创业前的团队旅行，它会让你看到对方更为真实的一面。钱锺书先生在《围城》中就说过：“结婚以后的蜜月旅行是次序颠倒的，应该先同旅行一个月，一个月舟车仆仆之后，双方还没有彼此看破，彼此厌恶，还没有吵嘴翻脸，还要维持原来的婚约，这种夫妇保证不会离婚。”**婚姻就像是一场人生旅行，合伙创业何尝不是？**双方通过感受在旅途中发生的细节，就能够大体判断彼此是否足够匹配和默契。

（3）婚前“同居”

如果合伙人之间没有时间去谈场“恋爱”，那最保险的做法就是先“同居”，后“领证”。即先建立工作或业务合作关系，不要急于注册公司。

这种方式适合于研发或筹建时间比较长的企业，或需要技术整合和资源整合的合伙人。合伙人之间以松散组织或业务关系先开展合作，这样投入的成本和风险也比较小。

大家在一个屋檐下共过事，为“柴米油盐”与“锅碗瓢盆”费心，必然会让彼此更加了解对方。如果合伙前双方就没了感觉并且分歧很大，此时分手也会相对比较容易，分开对于双方也不会造成很大的损失。

3. 如何评测合伙人？

如果没有以上的这些时间或者创业条件不允

许，双方非要“闪婚”，那该怎么办？

为了规避这些问题，在中国古代就诞生了一个非常流行的方法，双方长辈会通过男女双方的八字，来判断两个人是否合适在一起生活。先抛开这种命理分析是否真的有科学依据，但是它的理性初衷和基于大数据的概念，倒是非常值得肯定的。

在这里，我提供给创业者一个相对科学的建议，即采用现代科学的 HR 专业评测手段，来测试一下合作双方的性格和价值观是否匹配。性格的测试有很多种方法，它是基于心理学与大数据分析的一种科学手段，而价值观则是由个人成长环境决定的，从行为习惯的数据分析中也可以得到相对准确的判断。

目前很多大型的婚恋交友网站，都已经采用了非常专业的性格与价值观评测工具，以帮助人们更加理性地选择自己的伴侣。当然这些测试只能当作参考，可能会有助于你做出更加客观理性的分析，但最终还是取决于你自己的个人判断。

我还想特别阐述的是：**世上没有完美的恋人，因此也没有完美的合作人**。如果双方在合作之前，就发现彼此存在着很大的矛盾和分歧，那么就要谨慎选择，否则合作后的痛苦必然会让你悔不当初。

4. 如何制定合伙协议？

如果你已经慎重地选定了你的合伙人，那么接下来最重要的事情就是制定游戏规则，即制定和签订合伙人协议。合伙人协议是确保合

伙人利益与规范合伙人行为，并能够使企业长期走下去的重要保障。建议合伙人通过专业的法律咨询和公证机构，来保证协议的权威性与公正性。

这有点像婚前协议，不仅局限于财产，还包括家务分工、夫妻双方决策权等具体责任和义务。协议越细致，婚后双方的矛盾和冲突就会越少。在传统的中国社会里，农耕文明下的一些封建思想的确在稳定社会关系和秩序方面发挥了重要作用，但是在现代工商文明的冲击下，可以维系族群关系的传统族长制和乡绅制早就已经瓦解，因此就更加需要借助西方的法制手段来规范。很多创业者在创业初期，之所以采用家族式合伙模式，就是因为缺乏制定游戏规则的能力和经验，担心外人不可靠，因此只能任人唯亲。但是亲兄弟还需要明算账，仅靠亲情来管理一个团队是经不起重大利益考验的。

在合伙人协议中，除了要明确彼此的责任和义务外，重点还要考虑合伙人之间的股权分配问题。初创型企业在制定股权分配方法时，除了考虑实际出资额外，还要考虑经营权重。如果经营权重大的合伙人在股权分配中占比小，就会影响其在经营过程中的积极性，甚至会带来决策风险，从而影响其他合伙人的利益。因此，创业型企业的股权不一定要完全按照出资额来计算，可以设置经营股或技术股，提高经营或技术合伙人的股权比例。同时也可以设置对赌协议，让经营权重较大的合伙人，在经营过程中，通过经营业绩来获得高于实际出资额比例的股权，以确保合伙人之间利益分配的合理性。

另外，在股权结构比例中，还需要重点考虑经营决策权的分配。比如类似 50%∶50% 或 40%∶40%∶20% 的股权结构设计都是不科学的。在 50%∶50% 的股权结构中，经营过程中的决策分歧非常容易发生；而在 40%∶40%∶20% 的股权结构中，每个占有 40% 股权的股东都会拉拢占有 20% 股权的股东，容易造成非客观性决策和股东内斗。因此，股权比例的设定要重点考虑经营决策权的集中而不是平衡。

在创业时，虽然合伙人的初衷都是希望彼此能够长久地合作下去，但现实却并非总是如人所愿。**如果由于种种因素，合伙人实在不能一起继续走下去，那么与其彼此落入痛苦的纠结或折磨，分手也不失为一种理性的商业选择**。因此，合伙人应该在签订合作协议时，就提前约定好合伙人的退出条款，这样就可以有效避免合伙人在分手时两败俱伤，甚至有时候能避免在处理纠纷时，亲手毁掉合伙人当初一起辛辛苦苦打造的企业。

由此可见，在创业之初拟定一份专业的合伙人协议有多么重要。

第 4 章 How——怎么做?

未来，企业的发展必然会受到新文化、新理念和新技术的冲击，因此“How”非常关键，它决定着你是否能够顺利地实现你雄心勃勃的创业目标。

创业者在实际经营过程中，将面对各种各样的密码，需要创业者亲自去解开。在这里我列举了一些比较有代表性的问题，并给创业者提出一些相对简单有效的合理化建议。

我仍要特别强调，我的初衷并不是希望这本书成为一本经营管理类的教科书，因为它并没有系统性地讲述该如何解决企业经营过程中的所有问题，而我也并不认为任何一本经典的管理书籍可以做得到。这需要创业者在长期的经营中不断地总结与沉淀。我只是希望以下的这些曾经获得成功的建议，可以让创业者少走弯路，并有更多的时间去思考：如何将自己创办的企业，打造成一个优秀的企业？

1. 如何设计商业模式？

当你决定创业的时候，中国的经济已经经历了最原始的发展阶段。中国有很多成功的企业家，他们中的大部分人是在中国改革开放初期，利用了当时的结构性缺陷，抓住了最原始的市场机遇而发展起来的。当时有一个流行的段子是：80 年代靠胆量，90 年代靠技术，21 世纪靠资本。中国在三十多年的快速发展过程中，资本市场已经积累了大量的财富，资本已不成问题。现在我们面对的是一个全球化的时代，今天的信息、技术、资本都在快速流动，同时也大大加剧了企业间的竞争。再加上互联网、大数据、人工智能时代的来临，以及全球化带来的竞争加剧，使得传统型企业的生存空间已经越来越小。即使是一些曾经非常成功的企业，现在也都面临着转型升级的压力。

创业者要考虑的是如何突破传统，在竞争对手如云的商业环境中，设计一套完美的商业模式，来有效应对未来市场的挑战。什么是商业模式？**商业模式是一种企业内外部利益相关者的交易结构。用现在的商业逻辑理解，一个清晰的商业模式要具备以下四个关键要素：市场定位、盈利模式、关键资源和关键流程。**

（1）市场定位

创业前你要明确你的产品和服务的市场定位。你要找到你的精准客户群，还有你的准竞争对手，并能够清楚地知道，你的企业如何在市场竞争中取胜。这一点非常重要，却往往被很多创业者所忽视。

创业者由于初期缺乏市场积累与行业沉淀，往往容易目光短浅，只着眼于自己的产品或服务，而不立足于市场，久而久之就会产生闭门造车的经营误区。有时候，那些让创业者雀跃不已的研发成果和创新理念，在路演时却经不起一些风投经理们的一次现场推敲。虽然，这些风投经理们看起来并不是十分专业，但是他们却非常了解市场定位和竞争法则。

比如：你打算开发一个企业管理SAAS平台，你不能一上来就要做一个像ERP或SAP一样能够适用于所有企业的庞大管理系统，即便你能够做出来，你也根本无法与他们竞争。那你就应该通过市场调研，针对还没有竞争对手的某一个行业的某一个领域，开发出一套能够真正解决行业痛点的管理系统，而且要低定价，主要是向客户的供应商收取交易费和广告费。这样，你就可以精准地体现出该产品的竞争力。这就是所谓的市场定位。

因此，要想打造一个成功的商业模式，创业者一定要充分地进行市场调研与分析，并在其中找到自身产品或服务的精准市场定位。

（2）盈利模式

任何商业模式，都必须要有清晰的盈利模式，否则商业模式的价值就不复存在。但盈利模式不是利润越高越好，**最佳的盈利模式是转移直接客户付费主体，让交易的关联利益方买单**，甚

至还会让客户认为你是在给他免费服务。这就是所谓的“羊毛出在猪身上，让驴买单”。

因此，你要结合你的产品和服务，设计出一个最佳的盈利模式，这能够让你的产品或服务的竞争力凸显，迅速获得客户与市场。

（3）关键资源

关键资源包括资金、技术、客户资源、供应链资源等，这是你创业成功的必备资源条件。现在是一个资源为王的残酷竞争时代，如果不能够掌握商业模式实施中必备的关键资源，那么你就很难获得成功。

就像做一次越野旅行，如果不带够必备的干粮和水，你就无法完成整个旅行，你总不可能在荒野中期盼着天使的出现。谈到“天使”，实际上真正的天使投资是不存在的，那是投资人在现实残酷的资本体系下，一种极为牵强的自我粉饰。但是很多创业者却无视这种现实，认为“天使”永远存在。**创业需要勇气，但不能靠运气**。

因此，必要的创业资源还需要提前准备和评估。对于这些关键资源，最好能做到自身独有，这非常有助于你在竞争对手面前保持绝对优势，而又不必担心你的商业模式会被人轻易复制。

（4）关键流程

关键流程就是商业模式中的战术与方法。创业者如果既没有成熟的经验，又没有找到可行的方法，那么所有的创意和机遇都会显得毫无意义。

那么如何才能获得关键流程？创业者在创业初期，除了充分利用自己的经验和智慧以外，还可以通过团队组建来获取，即引入具备关键流程经验和技术的人才，这是创业型企业快速获得关键流程的最佳方式。

一个好的商业模式，最好具备最核心和最独特的关键流程，即只有你的团队才能够掌握，如专利技术和独有的解决方案。创业者需要特别关注这个部分，而且还要在过程中进行不断的升级和完善，以确保商业模式的持续活力。关键流程不仅能够让你的商业模式变为现实，还会让你在市场中规避很多竞争问题。

2. 如何进行商业模式创新？

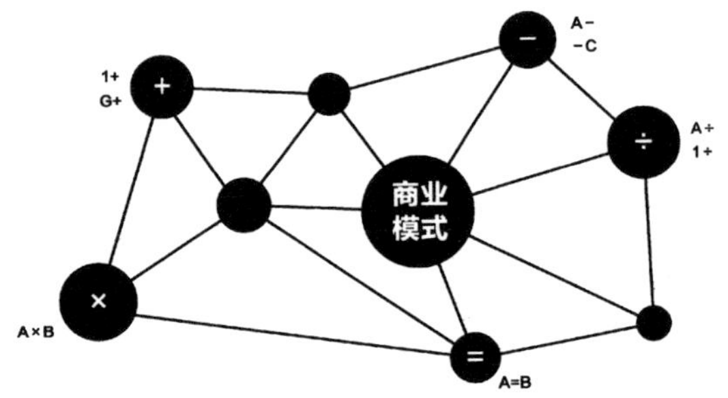

在信息与科技快速发展的今天，除了对于产品和技术的创新以外，商业模式的创新显得更加重要。目前一些著名的企业，比如阿里、腾讯、百度、滴滴等，商业模式创新往往是其成功的法宝。我在这些获得巨大成功的商业模式中，提炼出了八大商业模式创新公式。

为了让大家更好地理解和应用，我使用了“+、−、×、÷”等数学公式来表达。如果你在设计商业模式的时候，能够尽量多地使用上几个公式，这将会让你的商业模式变得极具竞争力，并帮助企业迅速获得成功。

（1）移动互联：G+

G+ 就是移动互联网 +。在互联网快速发展的今天，移动互联网变得更为重要。由此带来了手机 APP 软件、物联网和车联网的快速发展。更为关键的是，**移动互联网是一种不受空间限制的信息交互方式，会给你的产品和服务带来更多的想象空间**。

（2）模仿创新：1+

在技术创新领域，硅谷曾经提出了从 0 到 1 的理念，但是这种方式并不适应快速发展且商业环境仍未成熟的中国市场。因而，在中国就诞生了一个模仿创新的理念。**模仿创新一定不是单纯的模仿，而是在模仿的基础上进行升级和创新，最终打造出一个全新的商业模式**，即“青出于蓝而胜于蓝”。

纵观目前中国一些成功的巨型企业，比如阿里巴巴、腾讯、百度、滴滴等，都是通过模仿创新获得了巨大的成功，而且在创新层面上远远超出了被模仿者。虽然最初它们的创新并不明显，但是通过后期不断地创新迭代，最终树立了商业模式创新的一代典范。

（3）化繁为简：A-

大道至简而化繁为简。在信息和科技高速发展的今天，复杂变得非常容易实现，简单却变得并不那么容易。现在的客户越来越希望通过最简洁的方式来实现自己的消费体验。

目前化繁为简成了很多商业模式中的一个创

新思路。它的主要目的是为了迎合客户的消费心理，增强客户的体验感，比如从雅虎到谷歌、从手机按键到触摸屏的演变。

化繁为简并不是单纯地追求简单，而是把复杂的功能隐藏在简单的外表之下。因此，减法并不简单，这需要你的创意和智慧。如果你能够擅长于使用减法，将获得意想不到的成功。

（4）免费模式：–C

在商业模式中，盈利模式是非常重要的一个要素。盈利模式并不是利润越高越好。**最佳的商业模式是让你的客户零成本地享受你的产品或服务**，但你一定要设计好在其他环节可以盈利的模式。

一些成功获取市场价值的品牌，往往都不是从直接的受众客户群中获利的，比如谷歌、百度、淘宝等。正是凭借这种全新的免费盈利模式，在互联网经济的带动下，迅速催生了一大批获利能力超强的巨无霸企业。

因此，你要善于结合你的产品或服务，针对不同交易结构，设计出最佳的免费盈利模式。这样做将有助于你迅速地获得客户和市场。

（5）整合创新：A×B

1+1=3>2 的整合理念很早就被提了出来。但在现在的商业逻辑下，整合创新却能够产生奇妙的 5×5=25>10 的乘法效应。

整合创新不是一种简单的功能和资源的叠加，而是通过融合，产生一个新的物种。比如：汽车整合了互联网，就变成了一个可以高速移动的移动终端，而一辆可以上网的汽车可以做什么？如果升级它的计算机模块，它就可以变成一个快速移动的机器人，因此汽车也就颠覆了它之前的用途和定义。

（6）共享经济：A÷

产品或服务如果采用客户共享模式，都可以成倍数地提高它的商业价值。你设计的分母基数越大，它的拥有和使用成本就会越低，价值也就会越大。

比如一幢闲着的湖边别墅，如果通过俱乐部会员共享模式让50个人共享，那么它的拥有成本就会降低，存在价值就会翻倍。一辆私家车如果仅停在家里，那么它的成本是由个人全部承担，但如果把它加入网约车共享平台，那么它的价值就会马上体现出来，个人的购车成本就会有上千个乘客来分摊。

共享商业模式可以让客户的拥有成本和使用成本成倍数降低，可以让组织者从这种增值中获利，并有条件为客户提供更为价廉和多样化的消费体验。

（7）众筹模式：1÷

一个项目或产品是否可以通过更多的投资人或消费者的直接参与而完成？现在的回答是肯定的，很多高科技创新企业都是这样开始创业的。现在，京东网上每天都有这样的众筹案例在发生。就连很多房地产项目，你都能看到众筹的影子。互联网平台和电子支付平台，早就已经把虚拟公司变成现实，助推了互联网经济下的众筹时代。

众筹模式中筹到的不仅是资金，最重要的是众人的智慧，这一点千万不要忽略。要学会把你的投资人变成忠实客户，再把忠实客户变成合伙人。

（8）跨界经营：A=B

当产业竞争激烈到进入焦灼状态时，必然会突破行业的传统边界。跨界经营将会成为一个趋势。因此，当乐视电视开始做汽车，甚至万达地产开始做影院的时候，你就应该知道跨界的魔力到底有多大了。

可以肯定的是，一个做智能手机的企业做出来的汽车，其智能化和娱乐性肯定会超越传统汽车企业，特别是在互联网时代，它甚至会颠覆整个市场。所以，以后会经常看到类似这样的商业案例：一个水果贸易企业，并不是被对面那个天天虎视眈眈的同行打败的，而很有可能是被一个从来没有听说过的、跨界过来做水果的物流公司给挤垮的。

跨界所带来的外部基因优势，是传统产品或服务升级所无法比拟的。

3. 如何获取创业资金？

“巧妇难为无米之炊”，如果没有资金，创业是无法实现的。很多创业者的原始投资，都是靠自己的积蓄或个人借款组成的。但是如果创业者资金有限，除了靠经营合伙人的投资以外，还可以通过融资来弥补创业资金的不足。

企业最常见的融资方式有两种：资本方式和金融方式。两者都存在各自的利与弊。比如：金融方式的优点是不需要引入股东，可以有效保护创业者的股东权益，确保创业团队独立的经营决策权；但缺点是融资门槛过高，创业者承担的风险较大，而且需要支付相应的融资成本，而资本方式正好相反。这就需要创业者根据自身的实际情况来选择。

（1）资本方式

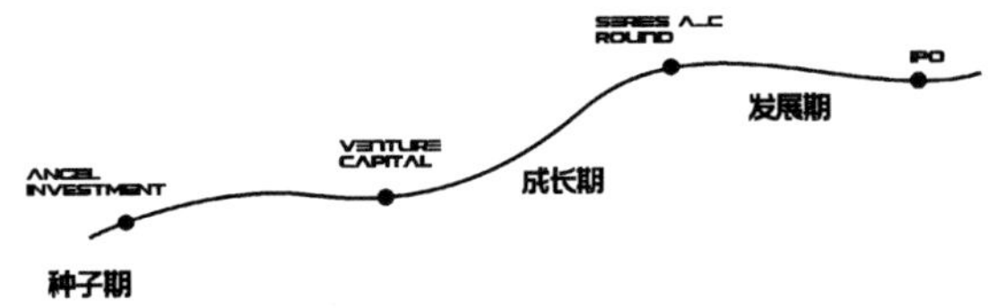

a. 如何选择融资渠道？

一般创业者缺乏创业资金的时候，都会想到去寻找投资方。在不同创业阶段，适合投资方介入的时机有多个节点，其中种子期、成长期和发展期比较常见。

在种子期以天使投资为主。如在创业时就存在资金不足，就需要采用天使投资渠道，来获取必要的启动资金。为了保证创业者的股权利益，建议不要在公司注册时就开始引入资本方。可以先进行企业注册，先由原始创业股东全部持股。然后再分割一部分股份，根据企业的市场估值进行融资。这样既可以保障创业团队的无形价值，又能够平衡企业经营的权重，使创业团队全身心地投入经营中去，有利于初创型企业的快速发展。

成长期和发展期以私募投资为主，但这必须在企业成功创办并营运以后。此时由于企业已经有了一定的发展基础，也可以在员工内部开展内部融资。永远要记住，员工是最好的合伙人，如果你能够在创业阶段就说服他们的话，你就有机会打造一个属于你们的“阿里巴巴”。

b. 如何选择投资人？

在投资方的选择过程中，千万不能只看资金实力，还要重点关注以下两点：

首先是**投资方的经营理念和目的与你是否一致**。如果差异很大，那么你当下所获得的资金就会成为企业以后的包袱，甚至是隐藏的定时炸弹。

其次是**投资方是否有资金以外的资源可以帮助到你**，比如人脉关系、市场渠道、运营及管理经验等无形资本。请记住：比你有钱的人必有过人之处。你不仅要从投资人手中得到钱，还要懂得从他们身上学到创造财富和驾驭财富的能力，还包括在你最困难的时候能够帮助你的商业资源，这些甚至比投资还重要。

正是基于这种观念，长久以来我对于众筹模式的理解是：众筹的不仅是资金，而且是智慧和资源。如果你能明白这一点，你的眼光足以让你在未来收获不小的成功。

c. 如何说服投资人？

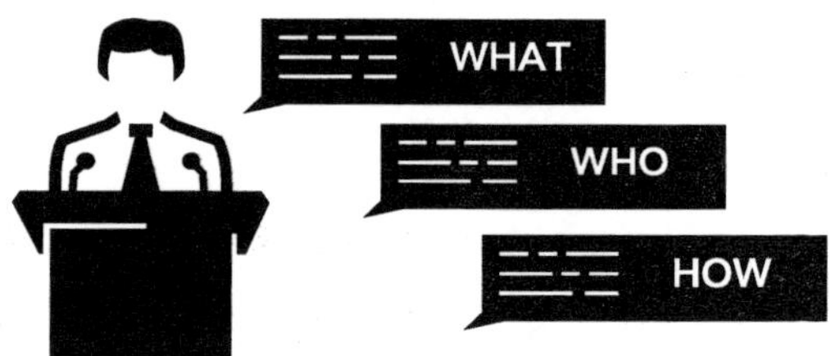

如果你已经选择了你的投资人，那么你要做的就是说服他。**投资人比较关注的三大要素是“what——做什么?”“who——谁来做?”“how——怎么做?”**。

在此之前，你如果已经正确地选择了产品或服务（what)，并设计出了一套完美的商业模式(“how——怎么做”中最核心的部分)，而且还打造了一个完美的精英合伙人团队（who)，相信你此时已经充分地做好了准备。

此时一份完美的商业计划书和自信的演讲非常重要。一份好的商业计划书可以让投资人做出理性的分析和判断；而一次热血沸腾而又真诚的路演，却能够让你在感性上打动对方。**最有说服力的演讲，就是价值语言，是演讲者的一种逻辑编程能力的体现，是一种由内而外的感染力的散发**。

当时马云面对孙正义，在短短一个小时的沟通过程中，就获得了2 000万美金的投资。相信当时能够打动孙正义的，除了马云精美的商业报告以外，一定还包括马云自信满满的创业热情。**演讲不在于口若悬河，在于直指人心，让人产生思考和共鸣**。

投资人作判断时往往是理性的，但选择时一定是感性的。你要明白，你面对的不是一堆冰冷的 money 或一个专业的投资机构，而是一群活生生的合伙人。

特别要提醒的是，你要时刻牢记：**从你获得投资的那一刻起，你的投资方也就成了你的准合伙人**。**你必须确保所有的合伙人都能够共同受益！**

（2）金融方式

除了通过投资人获得资金以外，创业者采用金融手段获取创业资金，也是一个非常重要的融资手段。下面我就给创业者推荐几种简单有效的金融融资方式。

a. 抵押贷款

这是最常见的一种金融融资方式，但是在选择银行借贷前，你必须确保你的企业有符合银行要求的可抵押资产。这些资产一旦抵押，在抵押期间就不得流通。如果没有，在保守的中国金融机构，贷款将是一件非常困难的事情。

b. 流动质押

企业经营中如果会产生大量的流动资产，比如材料与产品库存，那么就可以采用仓储质押的供应链金融方式，通过额定的可流动性库存资产，向金融机构申请库存质押贷款。

c. 商业保理

企业在经营过程中会产生应收账款。当你的客户具备一定的银行信誉时，你可以把应收账款作为保理标，向银行申请保理贷款业务。

d. 融资租赁

当你需要固定资产投资的时候，可以向融

资租赁机构申请固定资产租赁服务。这个时候的固定资产所有权将属于融资租赁公司，你只需要按约定期支付一定的租赁费用和金融成本。当达到约定的额度和期限时，固定资产的所有权就属于你了。

e. 贸易补偿

如果你的客户有一定的资本实力，而且对你有足够的信任度，你可以预先让客户支付资金，来解决你的经营资金投入。后期你可以通过向客户提供约定的产品或服务，来按时偿还客户的借款，并在过程中向客户支付一定的融资费用。

（3）资本运作设计

企业在追求发展过程中，资金的需求是被不断放大的。企业的资本运作是一个非常有效，且能够让企业的未来价值得以提前体现的最佳方式。但是很多创业者在实际融资过程中，由于在创业时没有提前做好企业资本运作战略规划，最终导致了融资的失败。

创业者为了避免在企业后期的资本运作过程

中遇到一些原则性的障碍，在企业创建时就要做好资本运作准备。站在企业资本运作角度，可以把企业分成四类：

a. 老婆型企业

何为老婆型企业？就是经营者力争打造百年企业，使其成为只能独自拥有的企业。这是很多创始人对待自己企业的一种方式，比如博世、香奈尔、阿玛尼等这些大家耳熟能详的企业。

创业者一路走来，对于企业往往倾注了太多的心血和情感。当企业需要资本运作或引入资本方的时候，经营者根本无法接受让外人触碰企业经营，更别说让外人控制了。

因此，这样的企业并不适合做资本运作，只适合自己独自经营。这些都是由企业最初的经营定位和经营模式所决定的。

b. 儿子型企业

创业者如果以后想采用并购发展模式，就要把企业当作儿子来养。养儿子可以娶媳妇，可以引入外部资本和资源把企业做大，但是不能改姓。一定要发展自己的品牌，并坚持自己的经营理念。儿子型企业在资本运作时，必须要确保控股。目前很多上市公司和集团公司成立的合资子公司，大多都采用这种模式。

c. 女儿型企业

不是所有的领域，自己都可以做到No.1。有时候为了自己企业的发展，创业者需要寻求被更有实力的企业并购，创业者要懂得对自己的企业进行包装。这就像嫁女儿一样，要想办法在企业正值大好青春年华的时候，选择一个有实力的买方（好婆家），把企业嫁出去。此时，创业者千万不要舍不得，特别是不要等到企业走下坡路（女儿人老珠黄）的时候，再寻求被并购（嫁人）。如果等到经营不下去时再想做资本运作，这时企业有可能已经“嫁”不出去了。

d. 养猪型企业

在资本运作时代，用资本利润来提前赚取企业的未来价值，是十分常见的创业模式。如果有这样的想法，就要事先把自己的企业当猪养，提前设计好投资退出机制。等把猪养肥了，遇到好的行情，就可以拉到资本市场上去卖个好价格。此时，创业者千万不要舍不得，谁会把猪养一辈子？企业卖出以后，创业者除了可以享受投资收益以外，还能够投入新的创业项目中去。

4. 如何打造企业文化？

一个成功的企业，一定会有一个成功的企业文化作为支撑。企业文化是一个企业的灵魂。**最初企业的成功是靠产品或服务，再后来就要靠品牌，而品牌之后就要靠文化了**。

（1）企业文化的重要性

创业型企业由于缺乏文化积累，企业文化往往是在企业成长过程中慢慢沉淀出来的。因此，企业文化可以是渐进式和阶段性的，但在初期就要培育好根基。

有些初创型企业，创业者满脑子想的都是如何赚钱，其实这也是一种企业文化。这种简单粗暴的狼性文化，在企业创办初期也的确能够发挥一定的积极作用。

但如果一个企业长期单纯地把赚钱作为企业文化，那么在企业以后的经营过程中，就会遇到很多问题。因为企业员工在这样的企业文化下，同样也会深受影响。到后来你就会发现：产品或服务的品质出现问题了；团队中出现中饱私囊的现象；你的高管会在你最需要他的时候，因竞争对手的高薪诱惑而选择离开……这些问题的出现，是因为企业经营者和员工都以赚钱作为核心目标，这都是企业文化存在缺陷导致的不良后果。

因此，**作为创业型企业一定要在发展初期，及时地完善和健全一个优秀与健康的企业文化，才能让企业在今后发展过程中，不迷失自我。**

（2）东西方文化对于企业文化的影响

在东西方文化的发展过程中，由于受生存结构的影响，诞生了农业社会和工商业社会不同体系下的东西方文明。

中国社会长期处于农业文明中，中国企业普遍缺乏工商业文明的逻辑体系。因此，中国创业者面对由西方人塑造的商业社会的游戏规则，往往缺乏足够的理解和认同。这也导致了中国企业在国际化商业合作中，常常被国外企业诟病。比如讲人情而不讲规则，爱面子而不守承诺，重金钱而不重信仰，等等。

面对工商文明和全球化的冲击，我们中国的创业者必须学会自我调整和学习，才能迎接21世纪给予中华民族经济发展的重大机遇。

不可否认的是，我们现在面对的这个全球化

的工商业社会，是建立在西方文明基础之上的。我们现在大多数的商业行为和逻辑，都学习于西方。

因此，创业者多看一些西方哲学和宗教方面的书籍，对于打造企业文化来说是非常有必要的，但这并不是说要创业就要放弃我们的东方文化。恰恰相反，东方文化是我们的文化根源，因为我们的员工和客户大多受过东方文化的熏陶，我们一定要把它守住。有一种经营理论认为：**东方文化适合管人，西方文化适合做事**。

因此，我们在学习西方文明和商业逻辑的同时，也要把中国文化深深地融入企业文化中。**企业经营中最完美的文化结合模式是：东方智慧 + 西方逻辑**。

（3）企业文化的设计

一个初创型企业，在企业建立之初树立的价值观，就是企业文化的基础；而一个创业者，自身的修养就是企业文化的根源。

企业文化可以是一句话或一组关键词，也可以是一套理论体系，但无论是何种形式，都要能够准确清晰地表达出来。它必须能够写到纸上，画到图上，而不能只停留在创业者的意念之中。

创业型企业最好能选择比较简单而清晰的逻辑，来表达企业的核心文化，但不能过于追求高大上，否则会不接地气，毕竟创业是从最基础开始的。

现代的企业文化存在丰富的多样性，特别是一些新兴互联网产业，为了迎合新生代的消费群体，特意采用一些另类文化和快餐文化，也同样获得了非常成功的效果。

（4）企业文化的落地

在企业文化的建设中，宣导和培训是非常重要的。企业最核心的价值是由团队或员工创造的，而企业文化对于团队的建设十分关键。

在很多企业里，企业文化变成了经营者的一厢情愿。因为如果不能向下传递，企业文化就是一堆空话。企业文化一定要注重宣导，经营者是最主要的布道者。

宣导的方式有很多，其中“目视化”是最基础的一种方式。目视化看板是一种最直观的视觉心理暗示载体，它会以潜移默化的方式把观念植入员工的大脑。

一个成功的企业文化，一定是在企业的环境和员工的内心中体现出来的。企业文化必须渗透在企业的每一处角落和每一位员工的心里，才能最终让客户在产品或服务中感受得到。

5. 如何制定企业经营目标?

一个企业的成功，是由无数的小成功积累起来的，而每一次的成功，都离不开一个清晰而准确的目标。创业者同时也是经营者，首先要学会制定经营目标。一个企业的经营行为，主要分为以下三个层面：

（1）“战略”层面

“战略”与格局决定企业命运，管理出效率，“战略”定发展，因此经营者是定“战略”的，管理是经理人做的事。“战略”层面主要指企业的经营方向，包括“战略”目标，需要由企业最高领导层确定。这个目标可以是远期的，以便于让企业有一个清晰的经营方向，如五年内成为中国人工智能领域最专业的硬件提供商；或者三年内实现中国人工智能硬件行业市场占有率第一,五年内实现在创业板上市。因此不管目标是什么，一定要具备三大特点：方向清晰、目标具体、时间量化。

企业“战略”一旦确定，是不能随意调整的，否则会导致一系列的执行问题，给企业经营带来严重影响。“战略”规划只能根据经营需要进行阶段性的调整。

（2）“战术”层面

“战术”层面主要指企业“战略”目标的落地方法，一般不需要设置具体的经营目标，但是它对于“战略”目标的推行和分解起到了关键性的作用。

与“战略”不同，**“战术”需要根据执行过程中的实际情况进行灵活调整。“战术”不是经验的套用，需要因地制宜和因人而异**。因此，**“战术”最好由执行层面来确定，经营者最好不要过多干预，特别是拿着个人的成功经验强压给团队去执行，这样反而会适得其反**。

（3）“战斗”层面

“战斗”层面主要指结合“战略”目标及战术方法，进行经营目标的分解，制定具体的实施计划，并责任到人。在“战斗”中，一个详尽和完美的作战计划是团队执行获得成功的关键。经营目标一般是按照战略目标、年度目标、季度目标、月度目标逐步分解出来的。经营目标必须要量化，要能够关联到财务报表。一般的会计周期以月为单位，因此，经营目标最小时间单位一般是月。

所有的“战略”和“战术”都要靠具体的“战斗”来落地，因此，“战斗”才是创造价值的最终环节，而不能执行“战斗”的“战略”和“战术”都是空想。

作为创业者，**经营目标的制定直接决定着企业的发展。一旦目标确定，就要努力去实现它。**

6. 如何设计企业财务体系？

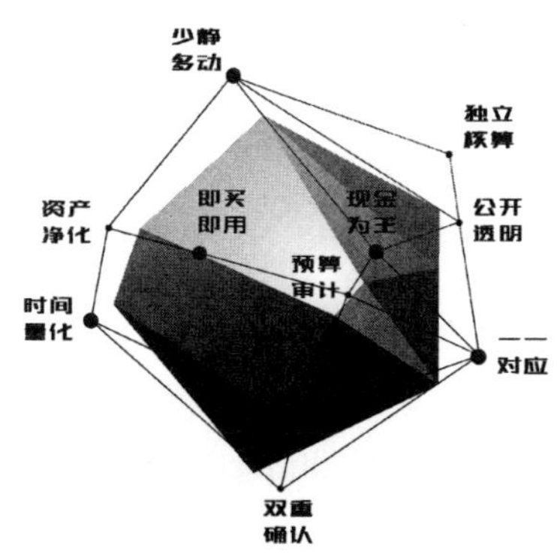

创业者一旦创建了企业，就会变成企业经营者。财务管理是经营者必须重视的环节，因此，在中国古代会称老板为掌柜。在企业经营中，企业所有的经营状况都是通过财务来体现的。很多创业者都不是财务出身，所以，财务管理往往会成为创业者的短板。

日本著名的企业京瓷公司，利用会计体系创建了一套阿米巴经营模式，被很多企业誉为经营宝典。他们的团队曾经用一年的时间，就让多年经营不善的日本航空扭亏为盈。在这里，我也为创业者设计了十大财务准则，其中结合了创业型企业的特点，并充分融合了阿米巴成熟的财务管理逻辑，可以有效地帮助创业者建立一套精益化理念与阿米巴相结合的企业财务体系。

（1）独立核算

对各部门实施独立核算，由企业部门主管对经营数据负责，并作为部门管理的目标。部门独立核算模式以部门为单位来核算成本、收入和利润，是对企业经营权重的一种分解，从而使企业的经营压力得以释放。

（2）公开透明

将非敏感的会计数据公开化，让企业每个部

门的人员及时了解经营数据，以提高经营透明度和员工参与感。如果你想让员工有老板意识，那么企业就要首先具备把员工当作老板的意识，让员工了解企业的实际经营状况，与企业共进退。

（3）一一对应

任何钱、物的流动都要有对应的票据，并实时入账核算。这样做能够让企业管理者对所有的经营过程进行监控，并做到有据可查。如果此方式对会计周期和财务分摊产生影响，后期也可以根据财务凭证再进行账务调整。

（4）双重确认

确保每个财务审批环节有两人以上的审核签字，最大限度地避免审核失误，减少企业财务漏洞。每一个人都会有犯错的可能，每增加一个确认环节就可以成倍数地增加安全性和准确性。

（5）时间量化

导入时间成本概念，尽可能采用以小时为单位时间的净产值核算方式，作为衡量部门经营及成本管控的指标。单位工作量除以时间，就等于效率。现代企业都在与时间赛跑，时间已经成为企业最大的成本，提高效率就等于降低成本。

（6）资产净化

确保资产的合理市场价值。没有市场价值的库存和半成品及固定资产，不计入资产和所有者权益。这样可以确保企业资产的真实性，避免没有价值的经营投入。

（7）少静多动

要尽量减少静态的固定资产和成本投入比例，提高动态的可流动资产和成本份额，以缩短达到盈亏平衡点的时间，并有效减少投资风险。

（8）即买即用

导入精益化理念，采用零库存的 JIT 采购、生产和销售模式，降低企业存货成本。供应链成本是企业成本的主要组成部分，要引起足够的重视，要明白库存即浪费。

（9）预算审计

采用预算和审计制度。企业将部门年度净产

值目标预算分解到月度，并根据月度净产值目标推算出月度经营成本预算，以此作为月度申请审批的上限标准，事后再通过审计工作来检查预算的具体执行情况。这样可以真正做到精打细算，在有效保障经营的前提下，避免企业资源和资金的过度占用及浪费。

（10）现金为王

要时刻关注企业的现金流，保证企业具有充足的现金储备；确保企业可以在资金充裕的情况下，把握一切发展机遇，提高企业的抗风险能力。资金是企业的血液，如果失去了健康的血液循环能力，再大的企业都可能瞬间轰然倒塌。

以上的会计原则，能够有效释放经营者的经营压力，提高经营效率。创业者要始终明白：**盈利才是企业经营的第一目标，要努力做到销售最大化和费用最小化**。这是财务管理的主要目的，也是日本“经营之神”稻盛和夫提倡的核心经营理念。

7. 如何管理团队?

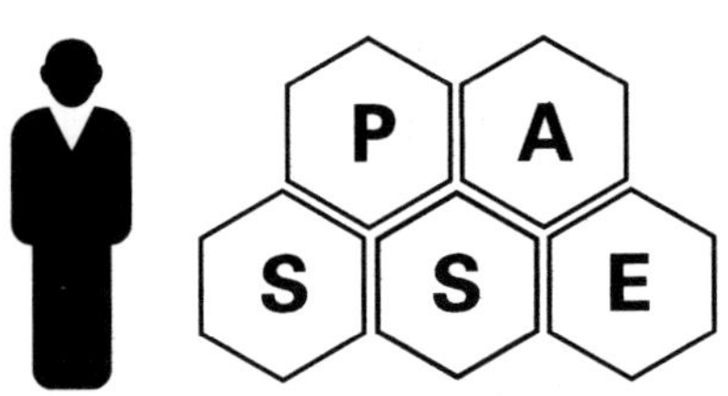

创业者不仅要确保自己的努力，而且还要带领团队一起成功。关于如何管理团队的理论和方法实在是太多了，但不是所有的创业者都能够有条件读完 MBA 课程才开始投入创业。

管理是一个把复杂的问题简单化的过程，在这里我给创业者提供了一套相对容易操作的团队管理模式，即采用非常简单的 PASSE **管理流程**。PASSE 的最大优点就是逻辑性非常简单，执行起来也比较容易，而且适合各种领域的管理需要。我把管理流程简化成以下五个基本环节：

（1）制定（Planning）

管理者的工作是从制定环节开始的。**管理者如果不能准确、清晰地表达自己想要什么，**

是无法幻想通过团队的自发行为来实现管理目标的。管理者首先要分级制定合理的工作目标和执行标准，也就是我们常说的目标、计划、制度、流程等，否则就无法让团队准确地执行工作。

（2）分工（Assignment）

制定环节完成后，管理者要进行合理和明确的团队分工。**正确的分工就是要把合适的人放在合适的位置上，做到因才适用**。分工错误会直接导致团队执行的失败。因此，你需要对自己的团队成员非常了解，务必做到扬长避短，否则在工作过程中，双方都是非常痛苦的。

（3）培训（Staff-training）

分工环节完成之后，管理者就要及时对团队进行培训，以明确工作目标和方向。培训是提升团队战斗力的重要手段，这将是一个不断持续和渐进的过程。培训并不仅仅是为了提升团队的技能，而且企业的理念、文化，包括战略方向，都需要通过培训来进行有效传达。**有效的团队培训就像一剂良药，总能够在团队出现问题或需要治**

疗的时候，做到药到病除和妙手回春。

（4）监督（Supervision）

在团队执行过程中，管理者必须对下属进行有效的监督。**监督并不是管束，要做到“文武之道，一张一弛”**。分寸要根据团队的执行能力与情况而定。任何管理目标的达成，都是管理者在过程中不断进行修正的结果。在监督过程中，管理者要做好两件事，一是提醒：管理者在发现下属执行错误时一定要及时提醒，避免下属长期错误，导致习惯养成；二是支持：当管理者发现下属在执行过程中遇到困难时，一定要及时予以帮助和指导。**监督过程是从目标到结果的必然通道，监督也是管理者的基本义务**。即便是一个优秀的团队，采用完全放任的管理模式，风险也是极大的。

（5）考核（Evaluation）

管理者要对下属执行过程中的阶段性效果进行定期的客观评估。**管理者要秉承“重奖轻罚，奖罚分明”的考核原则**。对于好的结果，管理者一定要及时表扬或奖励，对于不好的结果，也一定要及时进行批评或处罚。**考核是让团队努力达**

成目标的压力与动力。管理者只有让下属对结果始终保持足够的重视，才能减少管理过程中的监督压力，始终保持团队的执行力。

切记：PASSE 的顺序不能打乱，而且缺一不可，否则无法达到应有的管理效果。

最后要强调的是，**管理者不是操作者，管理的目标一定要靠团队来达成**。管理者的定位就是：为下属创造良好的工作环境和空间，使其发挥最大的工作潜力。努力实现团队的价值，这才是管理者的价值。

8. 如何用人?

企业用人是一项非常重要且高难度的工作，很多企业的问题也都出在这里。联想集团创始人柳传志曾说过，**老板最重要的工作就是：找对人、分好钱**。

（1）选人策略

最有效的**选人原则是：取长补短**。在一个企业里，团队成员的能力往往是有局限性的，因此选人的时候就要考虑到人才是否能够弥补团队的欠缺，这样才能够使其在团队中发挥应有的价值。所以，选人的时候不能要求所有的人才都是全面型的人才，这是非常难得的。

选人的四要素是：人品、态度、能力、经验。这个选人四要素，顺序是不能打乱的。首先，**人品是永远放在第一位的**，它会直接冲击企业的价值观。员工的个人价值观与企业的匹配度非常重要，而且不可能通过沟通和引导去改变。其次，**态度决定一切，再有能力和经验的人，如果态度有问题，其价值也等于**0。能力会比经验更重要，能力中的智商是无法改变的，而情商也是很难在短期得到提升的。最后，**对于能力与经**

验而言，有经验，即有过经历，所以他会知道该怎么去解决问题；有能力，即使没有经历过，但也能够想办法去解决问题。经验可以后期培养，但有经验的人可以减少企业的培训和试错成本，能够快速为企业创造价值。

作为创业型企业，基于成本和平台的局限性，**要会选用二流人才，努力把二流人才培养成一流人才，但绝对不能用三流人才**。二流人才的用人成本、执行成本、适应度、忠诚度会远优于一流人才。

（2）用人策略

最有价值的**用人原则是：扬长避短**。当一个新人刚刚加入团队以后，就要充分发挥其优点，而不是设法弥补其缺点，否则代价太大且得不偿失。最好的做法是尽量在工作分工时避开对方的短板。

唐太宗曾经说过：“明主之任人，如巧匠之制木。直者以为辕，曲者以为轮，长者以为栋梁，短者以为栱角，无曲直长短，各种所施，明主之任人由是也。智者取其谋，愚者取其力，勇者取其威，慎者取其慎，无智、愚、勇、慎者兼而用之，故良将无弃才，名主无弃士。”所以，**企业的团队建设，应当遵循“贤者居上，能者居中，工者居下，智者居侧”的原则，让各类人才互补共赢**。

在企业内部，建议把**人才分成三个层面：高层人才要做裁判员，制定标准并负责考核；中层人才要做教练员，负责培训和监督；基层人才要做运动员，负责执行和产出成果**。把合适的人才用到合适的位置上，才能发挥人才的真正价值。

企业的价值是由员工的个人价值累积起来的，因此，创业者要学会把员工的梦想与企业的梦想进行关联。梦想对于个体来说是非常有针对性的，每个员工的梦想无法统一，创业者要了解每一个员工的梦想，把员工的梦想堆积成企业的梦想。既然企业的价值是由员工创造的，那么你就要特别关注员工的个人价值是否在企业中得以实现。在这里，我要特别强调的是，**企业员工个人价值的最大化，取决于该员工所从事的工作是**

否是其兴趣、爱好与能力、经验的完美结合。这一点非常重要，因此务必请你的 HR 部门认真思考和评估这个问题。

企业在用人方法方面，要秉持“六分人才，八分使用，十分待遇”的用人理念。**在待遇的分配上面，要秉持“能者多劳，多劳多得”的分配原则，这样才能充分调动人才的积极性**。

（3）留人策略

企业的留人策略分为三个层面：对基层，要靠待遇留人；对中层，要靠情感留人；对高层，要靠事业留人。

对基层的人员，方式是用待遇留人。因为基层人员心地纯朴且待遇低，他们需要靠赚钱来满足生活需要。按照马斯洛的动机需求理论，基层员工仍处在底层需求阶段，因此不能用老板个人的价值需求标准来衡量他们。金钱对于基层员工的价值作用远远大于其他阶层，因此，企业应该把更多的钱花到基层员工身上，让基层员工过上更好的生活，使得基层员工更努力工作，为企业创造更大的价值，这即是双赢。

对中层的人员，方式是用情感留人。因为单纯的物质回报已经满足不了他们的需要，只有用真感情去交往，把这些人当成家人来对待。可以严厉，也可以宽容；可以赏识，也可以责备。做到真正以员工为家人，这样员工才会以公司为家，并愿意为了这个“家”而投入更多的忠诚和心血。

对高层的人员，方式是用事业留人。这个层面的人往往都能独当一面，也确实想有一番作为，闯出属于自己的天空。待遇和情感的投入，并不足以满足他们的需求。他们需要的是事业的尊严与成就感。企业应该给他们想要的平台和发展空间，给予他们财力和物力的支持，甚至让他们成为企业的合伙人。

9. 如何制定市场策略？

任何企业的成功，都离不开市场的成功。特别是对于一个初创型企业，没有销售就意味着你必须靠有限的投资无限地支撑下去，这对于任何创业者来说都会是一场噩梦。

创业者需要对经营负责，你首先要懂得制定企业的营销策略，这是所有营销工作开展的基础。但是不管你的营销团队有多么强大，产品和服务有多么优质，如果没有成功的营销策略，这些都无法得以实现。前提是你必须对于市场有一个准确的分析和判断，并找到进入市场的通道。下面我们就重点探讨一下这两个关键问题。

（1）市场趋势分析

中国经济在经历长达30多年的市场化运作之后，经济模式已经开始向消费市场转型。特别是全球化、信息化和互联网的快速发展，给中国的消费市场带来了巨大影响。在这里，我就重点针对未来市场的消费趋势，给创业者做一些相对前瞻性的分析。

a. **粉丝消费**

从超女时代起诞生的盲目追随者，可以原谅偶像的一切不足，从而被商业机构所利用，产生了一个巨大的消费群体，这也就是所谓的粉丝效应。但偶像不仅局限于娱乐明星、畅销书作家，甚至包括马云、王石、董明珠等这些企业家大咖，都为自身企业的品牌营销，发挥了推波助澜的重要作用。

具体实施步骤：

● 选秀：首先要针对你的产品和服务，选择消费群体的偶像。

● 包装：要对选定的偶像进行包装，突出偶像能够吸引粉丝的特质，对于其形象进行设计。

● 集粉：采用微博、讲座、演讲、视频、电视节目等多种形式进行推广和宣传，尽可能地增加偶像的曝光率，吸引粉丝的支持和追随。

● 互动：增加偶像与粉丝之间的互动频率，与粉丝之间建立足够的黏性与信任度。

● 收集：在过程中不断地收集粉丝的消费需求和对偶像的期望值。

● 迎合：设计针对粉丝的服务与营销模式，最大程度地满足粉丝的口味与需求。

● 共鸣：让粉丝对于偶像的消费引导产生情感上的共鸣，激发粉丝的购买欲望。

● 消费：采用多种营销渠道，策划不同的营销活动，促使粉丝进行大规模的消费活动。

因此，你现在需要做的就是，把客户变成你的忠实粉丝，再把粉丝变成你的忠实客户。

b. 新生代消费

衣食无忧而缺乏动力的状态下诞生了一个庞大的新生代人群，构成了中国市场最大的一个消费群体。

他们是温暖和平时代的产物，物质需求已经容易得到满足，而父辈式的成功又变得那么遥不可及。只有接纳他们，否则你就会被抛弃。

你必须去研究和了解新生代们“宅”的生活方式、无厘头的语言、月光族的理财概念。他们的童年受到溺爱，成年后他们成为缺“爱”的一族，需要补“爱”。因此，你的营销模式和服务中不能没有“爱”。

永远记住，他们是不可忽视的一代。让我们看看现在那些获得空前成功的品牌，都是类似小米、滴滴、淘宝、菜鸟这样的名称，而那些高大上的名字，却很难让你记得住。

针对此类消费人群，就必须迎合他们的消费习惯和口味，制定对应的营销策略，这就是目前的非主流消费模式。但是不要忘记，这可能就是未来的主流消费模式。

c. 后市场消费

后市场主要分为延续消费和延伸消费两类。

很多客户在购买产品和服务以后，会在产品拥有和使用过程中，产生巨大的关联性延续需求。比如买了一辆豪华跑车后，肯定需要后续的VIP 保养服务，这就叫延续消费。

对于这部分特定客户群，针对其购买力、消费习惯、品位层次，还会延伸出来一个巨大的跨界消费市场。比如买了一辆豪华跑车的人，肯定也会对豪宅和豪华游艇产生浓厚的消费兴趣，这就叫延伸消费。

d. 小屏消费

移动互联网技术和智能手机的普及，促进了移动推广和移动支付的发展，其便捷性彻底颠覆了人们传统的购买模式，因此开启了一个伟大的移动互联网消费时代。如今像淘宝、京东这样的中国电子商务平台，大多数的购买都是在手机

APP 上完成的，小小的手机屏幕已经演变成了一个巨大的超级市场。

如果你的销售渠道还没有在手机屏幕上完成布局，那么你就大大低估了小屏消费的能量。如今你如果不用滴滴打车软件在手机上下单，那么可能在大城市车水马龙的街道上很难拦到出租车，这只是刚刚发生在我们身边的事情。

e. 超前消费

对于新鲜事物的追求和对于未来收入的良好预期，以及对于物质生活的攀比心理，再加上受西方消费文化的影响，导致了新生一代的超前消费意识，因此也带动了一个庞大的超前消费市场。

比如在中国购买奢侈品的人，其主要目的是希望早点进入自己盼望的社会阶层，或者只是为了提早证明一个超出自身经济水平的身份。为了撬动新生一代强大的购买力，你必须用超前的消费理念来打动他们。

你要试图描绘一个让新生一代向往的时尚生活方式，让他们沉浸在对于美好未来的憧憬之中，并告诉他们，借助消费信用体系的力量，现在就可以拥有这一切。假如你已经成功做到了这一点，他们强大的购买欲可能已经在蠢蠢欲动了。

f. 延迟消费

中国富一代的退休潮和中产阶级的老龄化，正在形成一个庞大的延迟性消费群体。他们以充足的储蓄和购买实力，用消费来弥补年轻时对于自己的亏欠，甚至是在为自己的人生圆梦。他们非常注重生活品质，特别愿意为健康和享受买单，因此带动了一个巨大的延迟消费市场。目前，蓬勃发展的老年旅游和富豪俱乐部，已经很好地证明了这一点。

g. 简单消费

人们过度依赖智能设备与媒体广告，大脑对于消费的判断力越来越弱，而最简单、最直白的营销策略恰恰迎合了人们的心理。脑白金的营销曾经获得了空前的成功，它让你的礼品选购变得如此简单，甚至让人们忽略了它的实际功效。

h. 碎片消费

由于快递业务、电子商务和社区服务日益便捷，以及中国农村消费市场的崛起，这些引领了去中心化的市场趋势。可以预见的是，7-Eleven和全家等小型便利店，在一个城市的销售规模会超过沃尔玛，而大城市也会渐渐失去它们此前作为购物中心的魅力。

因此，面对如此大基数的一个市场，你不得不去考虑并重新布局你的供应链网络。

i. 饥饿营销

利用消费者潜意识里的危机感和竞争意识，以及快速获利的投机心理，来营造一个气氛紧张的消费环境，让消费者不由自主地产生非理性的购买欲望。商场里的限时促销、滴滴打车的抢单、云鸟科技的竞价体系都巧妙地运用了这一点。

（2）建立立体营销渠道

在市场营销中，营销渠道的建立非常重要，

它是企业产品或服务进入市场的通道。营销渠道的拓宽，可以让你的企业获得更多的市场资源，使市场成功的概率大大提高。而营销渠道并不是平面和单一的，多管齐下的营销渠道会让营销变得无处不在。下面就列举了十大立体营销渠道，希望能够给创业者提供更多的启发和选择。

a. 互联网营销渠道

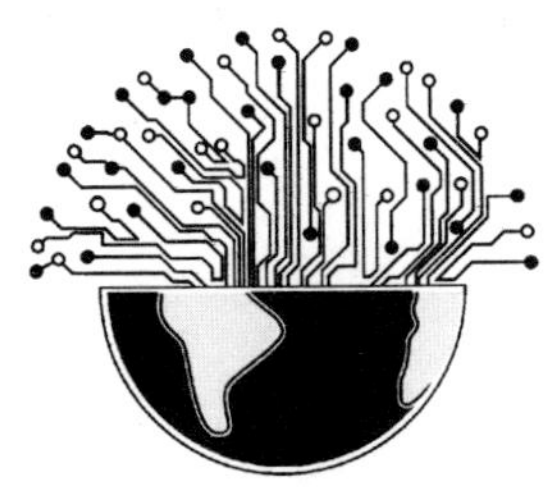

在互联网时代，互联网凭借其势不可当的传播速度和广度，成为当下最主流的营销渠道。

● 关键词搜索：针对各大网站采取大量优质文章上传的方式，把客户所关注的关键词嵌入文章中，可以有效提高搜索引擎的识别率。

● 网络注册：在各大行业相关网站进行企业

会员注册，可以提高企业和品牌的网络曝光率。

● 百度宣传：依靠百度在中国互联网搜索市场的占有率，以及中国网民对于百度的高度而又无奈的依赖性，可以在“百度百科”“百度文库”“百度知道”上使用资讯和文章进行企业品牌推广。

● 发帖回帖：在主流网站上高频率地发帖和回帖，与网民进行高频率互动，可以增加企业与品牌的信息曝光率。

特别提醒：以上互联网营销方式均不需要投入额外的费用，对于初创型企业来说可以有效地节约营销成本。

b. 媒体营销渠道

媒体与广告是一对天生的恋人，从媒体诞生的那一天起，广告就一直如影随形，只是恋爱的方式在信息时代下悄然发生了变化。

● 行业专栏：企业向相关行业的专业媒体定

期投稿，在推广专业知识和资讯的同时，可以提高企业和品牌的专业形象及知名度。

● 新闻事件：企业利用实时新闻的传播速度和广度，及时推出关联性的话题，将企业相关业务和专业话题进行嫁接。比如英国脱欧是全球关注的话题，可以及时推出与此新闻事件有关联性的金融或房地产行业分析，利用大众对此新闻的关注度，提升自身企业与品牌的曝光率与知名度。

● 媒体炒作：企业制作与企业或品牌相关的媒体事件，利用大众的好奇心和关注度，进行企业品牌推广。比如在新片上映前，发行方对于影片或明星的炒作。

● 媒体广告：企业选择准客户青睐的媒体，进行精准的广告投放，这种广告费用的投入是值得的，如高尔夫品牌定期在高尔夫杂志上投放广告。

c. 微信营销渠道

微信从改变我们的沟通方式开始，已经渗入

了我们的生活，包括我们的信息获取渠道。

● 朋友圈：业务员利用朋友圈转帖，在文章、图片、视频中添加后缀广告。

● 公众号：企业利用公众号的“干货”和美文，通过吸引转发和关注进行企业品牌推广。

● 微广告：企业在文章、图片或视频中嵌入有创意的广告策划，吸引别人转发。比如：奔驰品牌诞生纪念日调侃竞争对手宝马“感谢一路有你”；奔驰新 E 级发布“关公 E 骑绝尘”广告，引发竞争对手“关公的一骑绝尘，大 E 失荆州”的反制宣传。以上有观赏性的广告策划，均引发广告在微信中的大量转发。

● 微店：企业在微信上开设微店，利用微信广大的受众群直接进行产品和品牌的推广。

● 微团购：业务员在微信朋友圈里召集团购伙伴，其效果是利用了微信好友的获利心理，使产品和品牌得以迅速传播。

d. 人脉营销渠道

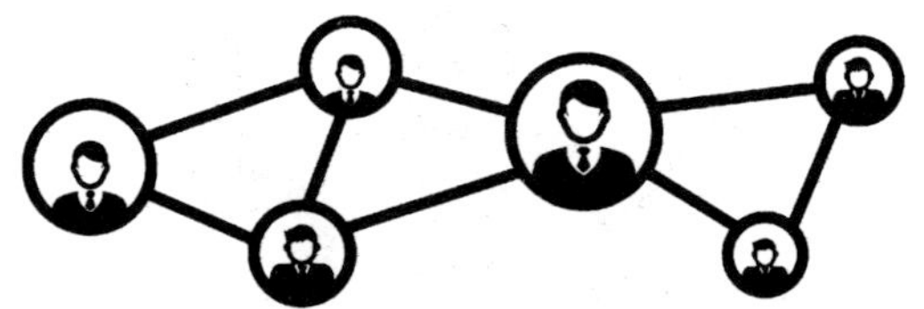

人脉是一种资源，它天生带有的信任基础的商业价值越来越不容忽视。

● 俱乐部：企业打造行业客户俱乐部，聚集准客户群人脉。

● 同商会：企业通过参加或组建行业商会或协会，建立行业人脉圈。

● 同乡会：业务员通过参加或组建同乡会或同乡商会，建立商业人脉圈。

● 好友圈：业务员建立个人关系网，通过朋友的推荐获得客户信任度。

e. **会议营销渠道**

会议的交流作用与集群效应，可以帮助你不露声色地面对准客户群达成营销目的。

● 展会推广：企业通过参观或参展相关行业会展活动，在活动现场针对准客户群进行企业产品和品牌的推广。

● 行业论坛：企业通过主办和协办由准客户群参与的行业论坛，借助专家的权威性推广企业品牌的专业度和知名度，可以有效获得客户认可及信任。

● 学术交流：企业通过讲座和沙龙等形式，与准客户群进行小范围内纯学术性的交流，以建立个人关系与专业信任度。

f. 互动营销渠道

最近的距离就是参与，与其费尽心思接近客户，不如就让他们参与其中。

● 非业务活动：业务员经常组织并参与能和客户产生互动的非经营活动，加强非工作场合的沟通和交流，借此机会来间接获取商机与客户的信任度。

● 粉丝互动：企业建立企业和品牌的忠实粉丝群，通过粉丝的传播获取更多的消费群体，如影片首映现场的明星与粉丝的见面会、新书作家的签名会。

● 联谊活动：企业与客户定期合作组织年会、纪念日、友谊赛等活动，通过特定的氛围增加彼此的了解与信任度。

● 经营参与：企业通过投资或参与客户的经营，获取客户资源，如通过投资餐厅，获得餐厅的采购订单决策权，或者设法成为客户的客户，间接获得对客户采购订单的主动权。

● 客户参与：企业在一些项目开发中，可以把客户变成顾问、投资人或合伙人，增加业务黏性，使业务关系透明化，实现双赢。比如产品众筹，或将客户反聘为项目顾问。

g. 逆向营销渠道

所谓逆向思维，就是换一个方向来解决问题，那么营销同样可以这样做。

● 客户的客户端开发：业务员通过对客户的客户进行资源开发，可以有效获得准客户资源，增加业务开发的成功率。如针对零部件企业的主机厂客户进行公关，以获取零部件客户资源和商机推荐。

● 客户的消费端开发：业务员在客户的消费端进行市场信息采集，可以集中有效地获得市场信息并开展营销。如在高尔夫球场收集高尔夫会员的信息并与其建立关系，以推销高尔夫球具。

h. **侧面营销渠道**

通往天堂的路永远不止一条。上帝也说过，他给你关上一扇门，就会给你打开另外一扇窗。营销也是如此。

● 客户营销部门：业务员通过对客户销售部门的公关，或者帮助其介绍业务，间接获得客户的业务信息。

● 客户人事部门：业务员通过对客户人事部门的公关，或者通过直接应聘面试活动，间接获得客户的业务信息。

● 试用期调研：业务员通过应聘进入准客户企业，利用试用期进行客户的信息调研和业务开发。

● 招聘营销：企业通过人事部门的定向岗位高薪招聘，获得准客户的业务信息，并发展兼职营销渠道。

i. 中介营销渠道

在营销过程中，如果你不能跨越一条河，那么最简单的做法就是找到一座桥。

● 代理商模式：企业发展产品销售代理商，利用其渠道网络优势，提高销售业绩。

● 外包模式：企业将营销工作全部外包给专业的电话营销、网络营销或线下营销团队，减少企业固定销售成本，并利用外包机构的专业优势及体量优势，大范围开展市场营销。

● 咨询服务：企业将准客户群咨询服务商与客户间的信任关系作为切入点，把咨询机构发展为顾问型营销渠道。

j. **跨界营销渠道**

跨界营销是一种跨行业和跨领域的资源整合方式，其强大的基因优势可以快速弥补你现有营销资源的缺陷。

● 跨界推广：企业借助跨界合作伙伴的高层次或相同层次的客户群，进行产品和品牌的跨界联合推广，如在宾利的产品发布会上进行英国皇家高级定制礼服的推广。

● 品牌嫁接：企业选择有相同客户渠道的品牌合作商，在对方产品营销中嫁接自身产品和品牌，进行捆绑式销售，如在汽车销售中赠送贴膜。

● 资源共享：企业与跨界合作伙伴分享客户和产品资源，共同开展营销活动，彼此从对方产品的销售中获利，实现双赢。如可以与高尔夫球场合作，让对方推广你的红酒，而你可以在红酒客户群中推广对方的会员卡，双方均可从对方产品的销售中获利。

10. 如何规避经营漏洞?

一个初创型企业，往往缺乏成熟的经营管理体系。创业者很多时候把主要精力都放在了企业的发展上，因此很容易忽略企业内部的经营漏洞。而这些漏洞一般都隐藏得比较深，不容易被发觉。但是“千里之堤，溃于蚁穴”，一旦这些经营漏洞长期存在，就会埋下严重隐患。它们会在今后某个不可预测的节点爆发，给企业带来无法估计的损失，甚至是致命的打击。

初创型企业最常见的经营漏洞，主要在成

本浪费和财务漏洞方面。很多企业在营业额还不错的时候，却没有很好的盈利。创业者在这个时候就要注意了，自己的企业是否存在经营方面的漏洞？

（1）成本漏洞

首先，我们要关注成本漏洞。成本的构成非常繁琐而且复杂，一些细小的浪费不容易被经营者所重视，有时候看起来还似乎合情合理。但是浪费积少可以成多，经营者必须从小处就开始关注这个问题。

对于成本管控，单靠经营者的个人监督以及传统的财务管理体系，是很难做到的。在这里，我重点给创业者推荐日本丰田的精益化管理理念。在日本丰田的**精益化理念中，最大的成本即是浪费**。

精益化管理的基本模式是从细节着手，以杜绝浪费为目的，建立一个自下而上的、持续不断的管理改善体系，从而使成本浪费从基层起就得到重视，并采用全员监督的方式，将每一处细小的成本漏洞及时堵上。

精益化管理的精髓不在于管理模式，而是一种精神和理念。丰田非常注重从细节与小事做起和以人为本的理念，它不是一种制度和流程，而是一种员工意识和企业文化。正是这种精益化的管理理念，使丰田成为全球汽车行业成本管控的典范。

（2）财务漏洞

创业者还要特别重视企业财务漏洞。**企业的经营业绩都是靠财务数据来评估的**，因此，财务在企业经营管理中一直处于核心地位。如果这个核心位置出现漏洞，对于创业者来说打击往往是巨大的。

很多初创型企业或家族企业，财务核心岗位人员用的都是自己的亲戚，以此来确保企业财务的安全性。不过这种中国传统的家族模式，并不能适应现代化企业的发展需要。我经常遇到一些准备上市的企业，让一个账房先生或财务大妈去和金融机构谈资本运作，经常搞得啼笑皆非。最后的结果是企业无法满足上市公司的财务要求，而错失上市良机。为了回避管理压力而带来这样的专业缺陷，教训是值得深思的。

企业必须建立一套健全的财务管控体系，用制度来规避财务管理中的漏洞。每个企业都会比较重视最基础的财务制度，而且这些制度相对来说都比较简单和成熟。我们就重点谈一下财务管控体系中的两个关键环节：审核与审计。

a. 审核机制

审核在企业经营管理中是一个常见的管理环节。**在管理中，规避执行漏洞最简单有效的手法就是多层监督**。因此，财务审核环节必须做到对于凭证和资金流动的严格的多层审核。

可以用一个例子来说明多层审核的安全性：瑞士银行的保险柜历来都是全球最安全的，因此还创建了一个瑞士银行安全模式。其实原理非常简单，即一把锁必须要两个持不同钥匙的人才能打开。

初创型企业由于人员不多，且人员间相对比较熟悉，因此往往会比较忽视这种多层监督环节。很多经营者甚至因为担心流程太麻烦而忽略了多层审核的重要性。这种过度授权和审核环节单一的错误方式，会给管理带来严重隐患，这种漏洞造成的损失并不只是资金方面的，还包括财务报表和税务申报上的工作失误。

目前很多移动办公软件，都可以非常方便地通过手机 APP 实现实时审核，"流程太麻烦"已经无法作为逃避财务审核的借口了。因此，创业者必须要考虑，在财务审核过程中设置多层审核环节，并采取下游对上游结果负责的可追溯责任制。由最下游的审核失误负责人承担所有上游审核失误的责任，如及时发现问题可对上游进行责任追溯。

b. 审计机制

如果说审核是对过程监督，那么审计就是对结果监督。审计在企业中也是容易被忽视的，它不仅包括财务审计，也包括经营管理过程中的其他环节。

有不少经营者认为，事情既然都已经过去了，查了也没有什么意义。正是由于这种心理，导致了很多财务审核环节的失误没有被及时发现，结果中发现的问题更加具有事实性。这种心理也从另一个层面降低了财务审核的严肃性。

过程管理非常重要，但并不是全部。因此，企业必须建立一个完善的审计机制，对于过往的经营结果包括财务环节进行审计，查找漏洞并给出处罚和改善方案。

企业内部一般可以设立审计岗位，在企业内部开展包括财务在内的审计工作；也可以在股东会议上成立监事会，负责对包括董事会和总经理在内的企业经营管理层行使审计监督。

11. 如何控制经营风险?

任何企业在经营过程中都会存在风险，特别

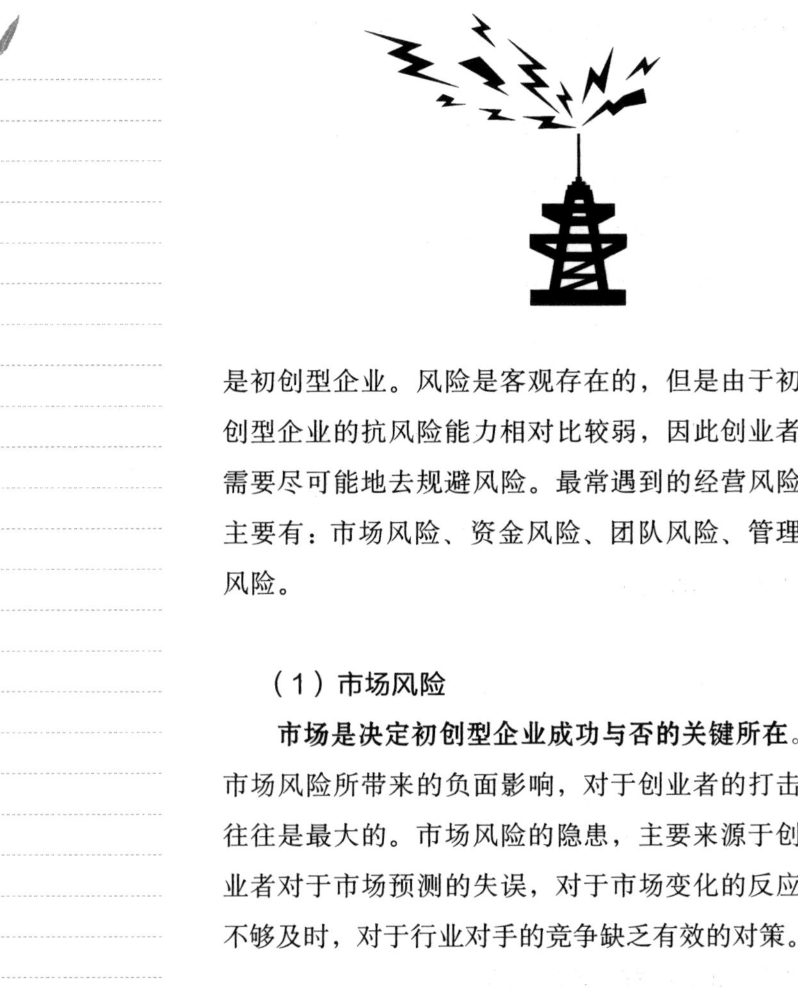

是初创型企业。风险是客观存在的，但是由于初创型企业的抗风险能力相对比较弱，因此创业者需要尽可能地去规避风险。最常遇到的经营风险主要有：市场风险、资金风险、团队风险、管理风险。

（1）市场风险

市场是决定初创型企业成功与否的关键所在。市场风险所带来的负面影响，对于创业者的打击往往是最大的。市场风险的隐患，主要来源于创业者对于市场预测的失误，对于市场变化的反应不够及时，对于行业对手的竞争缺乏有效的对策。

创业者要永远记住，市场是不断变化的，你的竞争对手时刻都在盯着你。你曾经的核心优势与成功经验，会在这种变化中悄然发生逆转。因此，对于市场的变化和竞争对手的出击，你要及时做出准确的判断与快速的反击。

“知己知彼，百战不殆”是中国军事著作《孙子兵法》中的经典理论，现在已被全世界的军事及商业领袖们所推崇。创业者平时不仅要关注企业自己的状况，还应该花费更多的时间，对市场与竞争对手进行深入的调研，才能真正做到“知己知彼”。

在《孙子兵法》中，**“始计篇”**作为战前的战略谋划，被孙武放在了兵书的开篇来作阐释。由此可见，孙武对制定作战计划有多么重视。这个“计”是指分析与计算。早在 2 500 年前，孙武就认为作战前的数据分析是头等重要的。理论上，战争的成败结论，能够在战争之前就被精确地分析和计算出来。可以想象在那个年代，获取战争前线的信息有多么的困难，而古代军事家们仍然如此注重战前的数据分析。

现在我们已经进入了 IT 和 DT 时代，市场信息的获取变得非常便捷，但是很多创业者对于市场调研和分析，所投入的精力却少得可怜。**规避市场风险最关键的是及时对市场变化做出反应，而最大的障碍不来源于市场环境多么难以预测，而是取决于你对于市场调研和分析的重视程度**。

（2）资金风险

资金是企业的“血液”。对于一个正在成长中的初创型企业，如果企业的血液循环出现了问题，可想而知会是什么后果。因此，企业资金的安全和正常流动对于创业者来说至关重要，但这却是创业者经常遇到的困境，钱花完了，却还没有钱流进来。一个企业缺乏资金会瞬间倒闭，不管你是初创型企业，还是大型成熟企业，没有血液，谁都活不到明天。

如何面对资金短缺导致的风险？对于创业者

来说，这是一门必修课。资金的短缺主要来源于以下几个方面：

a. 经营成本预算

在企业经营预算中，经营成本必须作为最重要的考量部分，即常说的量力而为，而且对此要做到非常准确。巨人集团的倒闭，其主要原因就在于创始人史玉柱没有准确地预测到盖一栋大楼到底需要多少钱，仅仅就是因为这个原因，一个曾经辉煌的企业就这样轰然倒塌了。

因此，**作为一个创业者，你可以干超出个人能力的事情，但是千万不要做超出钱包的决定**。

b. 市场营收预测

市场营业收入是企业投资款以外资金的主要来源。如果错误预测企业市场应收，会给企业带来非常大的资金风险。资金的良性循环是保证企业资金安全的重要手段。所以，快速地将产品或服务投向市场，并及时完成销售资金的回笼至关重要。

很多创业者由于融到了大额的投资，就只关注于如何把产品或服务做到极致，却忘记若所有的资金只出不进，再多的资金都会最终枯竭。如果一个创业型企业在还没有形成良性的市场销售规模时，资金却已经烧完，这个时候再去关注市场营销就已经来不及了。

创业者一定要**把市场营销作为初创型企业重点关注的经营环节，并保证每一笔销售收入能够及时到账**。

c. 投资款及时到位

创业型企业初期的启动资金是非常重要的。如果投资人的资金不能及时到位，对于创业者来

说风险是巨大的。因此，创业者在面对投资方时，一定不要被对方美好的口头承诺所迷惑。

一切投资均来自真金白银，一份严谨的投资合同和一份针对投资方的背景调查都是需要严肃对待的。表面上看，那些投资者总是高高在上而不可近观，很多创业者对于充满魅力的投资方，往往陷入一种盲目的崇拜中。创业者对于投资方的尽职调查都十分重视，却往往忽略了对于投资方的背景调查，这其实是急于求成的心态所导致的。

交易是平等的，创业者不要把投资方当作你的客户，他其实是你的合作伙伴。给你带来最大伤害的，往往就是合作伙伴没有兑现对你的承诺。因为你根本没有把防线设在这里，合作方给你带来的措手不及的打击，将远远大于你的市场竞争对手给你的打击。因此你要特别关注，甚至采用法律约束，来确保投资人的投资款能够及时到位。

如果企业资金短缺的原因是由于你错误地估计了投资的预算，并且还盲目地对于后续的融资过于乐观，那么此时除非企业的可担保资产足以通过金融体系而融到足够的资金，否则你要做的事情就只能是“卖身”了。到最后，你不得不把一部分股权以极低的价格转让给虎视眈眈的收购方，甚至会是你曾经不屑一顾的行业竞争对手。如果真是这样，企业与其破产倒闭，还不如忍痛割爱或断臂求生，以最低的损伤换来下一轮的崛起。

（3）团队风险

团队是创业型企业的核心，也是企业的心脏。如果团队出现风险，对于一个规模尚小的企业来说无异于一场地震。对于这一点，创业者一定要有足够的心理准备和承受能力，并最大程度地避免此类事件的发生。

团队的风险主要体现为合伙人和核心高管的背叛或离开，其主要原因无外乎是价值观和理念的不同，以及企业发展和回报无法达到预期。恰恰在这个时候，外面又有一些诱惑，因此故事就这么顺理成章地发生了。

发生这种事情的时候，经营者往往会痛心疾首，悔不当初。其实这种事情是有可能避免的。比如在合伙人或核心高管加入团队的时候，就要对双方价值观和理念进行深入的沟通与评估，或者在合伙和劳动协议中增加竞业条款，这两点都是至关重要的。

另外，万事无风不起浪，在团队事件发生之前，一定会有一些预兆。这个时候经营者就要保持敏感度，做到及时发现、积极处理。如果不是价值观和理念的问题，经营者就要积极地对团队成员进行引导，有时候只是团队成员的一时冲动，有效的沟通可能会规避一场风险；如果引导或让步仍然无效，那就要提前做好相关预后措施及最佳预案。创业者要尽可能地减少团队风险对于企业内部和外部造成的不良影响。

（4）法律风险

企业的法律风险不同于一般的业务风险（包括业务亏损和竞争风险），它主要体现为商业机密风险与商业合同风险，也包括管理过程中的一些法律风险。

创业者一般都比较关注企业日常经营中的风险。对于业务风险，一般企业都比较重视，在一轮轮的讨价还价和业务评估中，其风险一般都会被大大降低。但是对于一些法律风险，创业者并不太重视。

相对于改革开放初期，中国的法制环境正在日益完善，同时也带动了商业环境的变化。但是你的企业守法并不代表对方的企业守法，**法律不仅是用于自我约束的，还是一种自我保护的工具**。如果不能利用法律的手段来保护自己，企业在面对法律风险的过程中就会非常被动，甚至会误入泥潭。创业者最正确的做法就是加强自身的法律意识，并聘请一个靠谱且值得信任的法律顾问。

a. 商业机密风险

初创型企业由于受制于资金积累的过程，无形资产的比例往往会比较高，比如产品的研发或设计方案，比较容易被窃取和复制。另外客户资源也容易被窃取和复制，比如方案、合同、报价等。在商业机密保护过程中，法律手段是最有效的。因此，与合作伙伴以及员工签订一个完善的商业保密协议是对商业机密最好的保护，否则很容易在细小的疏忽中丧失初创型企业的核心资源。

b. 商业合同风险

签订商业合同是创业者在经营过程中经常遇到的事情。最安全、高效的做法，就是建立企业完善的商业合同模板，只有在遇到更改条款的时候再交给法律顾问审核。但如果是客户合同版本，就要及时请教法律顾问了。

特别提醒的是，遇到合同金额较大、条件苛刻且设有高额赔偿条款的甲方合同，一定要走法务审核流程，不要存在任何侥幸心理。

c. 经营管理风险

随着法律意识的普及，企业在经营管理过程中也会经常遇到一些法律问题，特别是劳动法、税法、安全生产法、食品安全法等，这些都是非常重要的法规。经营者对此必须要了解，但做到基本掌握即可，关键是要靠专业的法律顾问。创业者要尽量避免在经营过程中无意地触犯法律法规，给企业经营带来负面影响。

同时企业经营者还要承担一定的社会责任。创业者的违法行为会给企业留下无法磨灭的社会阴影，对于今后企业发展和品牌影响巨大。2006年，三鹿集团被美国《福布斯》杂志评为中国乳品行业第一名，而2008年三鹿的“三聚氰胺事件”，就瞬间毁掉了一个具有几十年沉淀的民族品牌。事后董事长被判重刑，企业当年就宣布破产，149亿元的品牌资产最终以6亿多元被同行收购。这种代价的确过于沉重。

12. 如何处理危机事件?

企业的危机会在任何时间、任何地点，在没有任何预兆的情况下发生，它的形式可以是多样的，会让创业者防不胜防。当危机发生，要做的第一件事就是学会面对。就像你当初选择创业一样，是否考虑到了创业道路上会有这样的危机发生？如果考虑到了，就要及时做好危机处理预案，这将会大大降低后续危机来临时的风险，并为你留出充足的反应时间。

危机如果已经发生了，创业者就要学会面对。但是现实中，创业者往往比较乐观，很少会考虑到发生危机的可能性。因此当这种危机来临时，创业者往往会变得手忙脚乱。此时作为经营者的你，唯一要做的事情就是：冷静。**在危机处**

理中，冷静是第一原则。你必须以最快速的反应，清醒地知道到底发生了什么、损失会有多大，然后以最快的速度制定危机处理方案。

在长期的企业经营管理中，我总结出了以下三大危机处理原则：

（1）先降低损失

危机发生时的第一原则就是：先尽一切可能，降低危机所造成的损失。此时千万不要去急于追究是谁的责任，最重要的是先评估一下人员、财产、声誉方面的损失情况，然后快速采取措施以减少后续的损失。如果责任的争议是必然的，那就放到后面去解决吧。如有必要，在过程中还要注意从法律的角度做好取证工作。永远记住：损失越大，危机就越大。如果损失减少了，后面划分责任时的阻力也会减小。

（2）大事化小，小事化无

危机处理的第二原则就是：尽量大事化小，小事化无。出现问题时不要把事态扩大，尽量能小则小，务必积极且低调处理。过程中要尽可能地减少不相关的参与者，特别是不要引起媒体或客户高层的注意。要通过积极的处理使得利益双方能够理解并接受结果，再用时间来消化负面影响，从而小事化无。但法律事件除外，比如公众安全事件必须遵守法律告知流程，否则会把事情严重复杂化。

（3）坏事变好事

危机处理的第三原则就是：要善于把坏事变成好事，至少不能继续恶化。这也是最难的一环，它充分考验了创业者的情商和智商。比如当发生品牌危机时，企业正确客观地面对问题，丝毫不推诿，并通过积极的处理态度与坦诚的沟通方式，及时补偿并达成谅解。这样反倒会为企业树立一个敢于担当和负责任的正面形象。

13. 如何处理合伙人分歧?

虽然所有合伙人在合作之前，都是为了同一

个美好的目标而走到一起的，但现实并不一定是完美的，在经营过程中，如果合伙人之间出现分歧和矛盾，对于创业者来说将是一个极为棘手的问题。

目前中国的商业社会还不够成熟，非常缺乏像西方商业社会那样成熟的游戏规则，很多创业者在合伙前并没有想到最坏的结局，也没有做好充足的准备来应对这些复杂的分歧和矛盾。

（1）注重沟通

当合伙人之间发生分歧和矛盾时，首先是要确保双方之间不要存在误会和误解，否则矛盾将永远无法解开。而化解误会和误解的最佳方式就是**及时沟通，切勿延误**。沟通的方法非常重要，**选择合适的时机、场合及语气是成功沟通的关键**。切记不要在双方情绪激动的时候，而且在大庭广众之下，采用过激的语言进行沟通。这样做只会火上浇油，会彻底关闭化解误会的通道。

（2）自律和包容

曾国藩说过：“**利可共而不可独，谋可寡而不可众**。”作为商业合作伙伴，合伙人之间的利益平衡非常重要。利益纷争是企业合伙人之间常见的分歧。因此，合伙人在处理利益的问题上，一定要做到自律，并信守承诺。在利益面前，只有懂得分享，才会收获更多。

如果合伙人之间发生了一些不可协调的分歧和矛盾，就要尽量看得长远一些，不要斤斤计较。要尽量站在对方的角度去考虑问题，尽量包容对方的非原则性缺点和失误。**所有能够走到金婚的家庭，无一例外的都是靠自律和包容来化解分歧与矛盾的，合作同样如此**。

（3）顾全大局

当合伙人之间出现分歧和矛盾时，最不应该采取的处理方式就是意气用事。内部的稳定团结是企业对外体现竞争力的基础。在东方智慧中，**“兄弟阋于墙，外御其侮”**。因此，合伙人在面对内部分歧和矛盾时，千万不要把企业的利益置之度外。利用东方的智慧加上西方的方式（比如法律手段），是完全有可能妥善解决分歧和矛盾的。

我想对创业者说的是：**你的胸怀有多大，你的事业就会有多大！**

（4）做好预案

如果结果有可能是最坏的，那么最好的做法是在**合作前就要对可预见的坏结果做一个理性的预估**。双方合作前不能总挑好听的讲，更不要过度承诺，要尽量把双方的权利甚至分手条款写在合伙人协议里，以防止在后期不能调解的情况下有一个可参考的处理标准。双方如果在经营过程中产生的分歧和矛盾过大，实在无法协调，就要按照当初的条款约定来处理纠纷。这个时候，你就会发现当时认真签署的合伙人协议有多么的重要。

14. 如何提升领导力?

当创业者决定开始创办企业，要做的第一件事就是迅速组建一个团队。因为无论创业者自身的能力有多强，他永远都不可能一个人肩负起整个企业的运作，于是组建一个优秀的团队就显得尤为重要。而创业者在自己的团队里，往往担任的是一个领导者的角色，或者叫团队领袖。创业者的个人领导力直接决定着其是否能够成功地驾驭这个团队。

那么如何提升领导力？这个问题的答案并不是唯一的。无数的例子告诉我们，不同风格的领导者都有可能获得成功。因此，在个性化日益突出的创业团队中，**找到适合自身团队的领导力，才是最重要的**。根据我对很多成功领导者自身特质进行的分析，我从他们身上发现了很多共同的特质，也正是这些特质决定了他们拥有优秀的领导力，并能够被团队认同。团队中优秀的领导者，主要具备以下几个关键特征：

（1）严明自律

没有原则性的人很难做管理者，更做不了领导者。优秀的领导者对于自身都有严格的要求，面对大小事务往往都会以身作则，尽量避免搞“特殊化”，这一点在企业管理中尤为重要。很多领导者会给员工和下属制定一系列的规章制度，而自己却从不遵守。这样一来，这些规章制度在企业管理中虽然非常重要，但是却会给员工一种可有可无的感觉。领导者如果做不到严于律己，久而久之这些重要的规章制度便会不废而止，团队就会慢慢走向涣散。

（2）目标坚定

在一个企业中，**领导者必须有坚定的目标以及实现目标的决心，才可能会凝聚起足够多的追随者**。团队组建的核心就是为了既定的团队目标而奋斗，这是最为根本的理念。无论在后来的创业之路上会遇到什么艰难险阻，领导者都必须坚定自己的目标。如果领导者都不能明确自己想要的是什么，那么整个团队也会变成一群无头苍蝇。所以，优秀的领导者要始终明确自己的目标，并不断向团队传达自己的信念，这样整个团队就会拥有无穷的动力，为实现一个共同目标而努力。

（3）注重承诺

不重承诺者无威信，而无威信者就没办法做领导者。在现在的企业中，很多领导者乐于给团队“画饼”，抛出各种各样的愿景，然而在真正落地实施的时候却又化为泡影。这种做法在短时间内的确可以激发团队的积极性，从而取得一定的成绩；但是就长远来看，却是大有隐患的，最直接的表现就是员工忠诚度会逐渐降低。古人言：“人无信不立。”同样的，业无信不兴，国无信则衰。所有创业者都知道诚信是企业赢得外部客户的基石，但作为领导者更要注重对于内部团队的诚信。只有真正做到注重承诺，言出必行，领导者才能赢得人心。

（4）勇于担当

领导者担任的主要是组织层面的工作，在日常具体事务的处理上一般不会直接出头。但**当企业出现重大危机时，领导者一定得是站在最前面的那个人**。对于客户和企业员工来说，一个企业的领导者就是整个企业的坚强后盾，因此当企业在经营中碰到问题或困境时，领导者要第一个站出来，并告诉他们："有我和你们在，一切困难都能解决。"因此，优秀的领导者一定要做到勇于担当。

（5）善于分享

优秀的领导者都善于与下属分享成功，而且能够做到公平、公正和"投其所好"。企业价值是领导者的，但同时也属于整个团队。因此，领导者切忌自私自利，要懂得分享并且善于分享，从物质和精神等不同维度来满足对于企业有贡献的员工，让团队得到应有的回报。这不仅能够提升团队对于企业的忠诚度，也能提高企业内部的凝聚力。

（6）胸怀宽广

"海纳百川，有容乃大。"领导者一定要心胸

开阔，足够包容。一个企业只有容得下多元化的人才，团队才能够体现出整体的竞争力。归根结底，一个人的力量始终有限，只有团队的强大才能确保企业的成功。而建立一个强大团队的基础，就是其领导者一定要胸怀宽广且知人善用。因此，**你的心有多大，你的团队就有多大！**

（7）敢于创新

领导者必须敢于打破游戏规则，并善于建立规则。只有这样才能带领团队在残酷的市场竞争中立于不败之地。在目前高速迭代的商业环境中，如果领导者本身没有颠覆式的创新能力和魄力，那么他也必定打造不出一支有竞争力的团队。

总之，在一个创业型企业中，领导力的强弱最终是由经营结果体现出的，但经营结果却并不单纯取决于领导力。对于领导力的衡量没有一个固定标准，可以通过千万种方式来判断。但最简单的方式就是看结果，这也就是所谓的“胜者为王”。

后　记

当你认真地阅读完这本创业手册的时候，相信你会对创业有一个更加深刻的理解和认识。看完这本书后，如果你找到了最适合自己的创业方法与解码逻辑，这是我最希望达到的效果。创业者可以将这些理论和建议，在以后的创业实践中加以灵活运用，并建立起一套属于自己的经营逻辑。由于我写这本书的初衷并不是希望它成为一本宣讲方法论的工具书，因此针对书中的一些细节部分，我并没有做更加深入的延展。如果你仍有一些困惑，欢迎参加我们 D. H. 中国企业家俱乐部的各种创业分享活动，我们可以在现场做一些更加深入的交流。另外，我将会在第二版中对创业者比较关心的一些问题进行深入解析，希望能够与大家探讨一些更加广泛的创业话题。在此，感谢我的团队的设计师所做的封面设计和插图设计。

创业是一个不断探索和思考的过程，关键取决于创业者能否突破自我认知的边界。创业不仅是一个企业成长的过程，而且是一个创业者成长的过程。在这个过程中，你不仅可以收获了事业上的成功，更重要的是你会建立属于自己的逻辑思维模型，它将会对你的人生产生奇妙的影响。**人生即是一场修行，创业何尝不是如此？**

在这个知识共享和智慧众筹的时代，创业者并不是孤独的。让我们在创业的道路上携手同行，解开创业道路上的一个个密码。在本书最后，我想告诉所有的创业者们：

未来一定是变化的，唯有创新才会有出路。

创新不是目的，你的价值取决于你最终创造了什么。

王勇

2017年3月12日

中国 · 苏州 · 金鸡湖畔